普通高等教育“十三五”规划教材

PowerPoint 2010 多媒体课件制作

赵 艳 王相和 主 编
张秋月 刘 静 副主编

科 学 出 版 社
北 京

内 容 简 介

本书是介绍利用 PowerPoint 2010 制作多媒体课件的实用教材。全书共分 10 章，结合实例深入浅出地介绍多媒体课件的基础知识、教学设计过程、多媒体课件制作过程，PowerPoint 2010 界面及基本操作等，微课基础知识及通过 Camtasia Studio 将 PPT 课件制作成微课的基本操作方法。

本书通俗易懂，结构编排合理，可操作性强，可作为师范类院校的多媒体课件制作教材，也可供广大学习课件制作的相关人员阅读参考。

图书在版编目（CIP）数据

PowerPoint 2010 多媒体课件制作/赵艳，王相和主编. —北京：科学出版社，2018.8

普通高等教育“十三五”规划教材

ISBN 978-7-03-057745-0

Ⅰ. ①P… Ⅱ. ①赵… ②王… Ⅲ. ①多媒体课件-制作-图形软件-高等学校-教材 Ⅳ. ①G436

中国版本图书馆 CIP 数据核字（2018）第 125045 号

责任编辑：戴 薇 王 惠 / 责任校对：王万红
责任印制：吕春珉 / 封面设计：东方人华平面设计部

科学出版社出版
北京东黄城根北街 16 号
邮政编码：100717
http://www.sciencep.com

三河市荣展印务有限公司 印刷
科学出版社发行 各地新华书店经销
*
2018 年 8 月第 一 版 开本：787×1092 1/16
2018 年 8 月第一次印刷 印张：11 1/4
字数：264 000

定价：29.00 元

（如有印装质量问题，我社负责调换〈荣展〉）
销售部电话 010-62136230 编辑部电话 010-62135397-2052

前言 PREFACE

目前，在各级各类学校的教学过程中，使用多媒体课件辅助教学已经成为一种重要的教学方式，因此，多媒体课件制作成为师范类院校学生及各级学校教师必备的技能。PowerPoint 2010 是微软公司 Office 系列办公软件中的演示文稿制作软件，它集图片、文字、声音、视频、图表及动画于一体，不仅功能强大，而且界面友好、操作简单，在多媒体课件制作中应用非常广泛。

同时，微课的应用也越来越广泛，微课制作逐渐成为师范类院校学生及广大教师必备的一项技能。Camtasia Studio 软件集录屏、配音、视频剪辑等功能于一体，且操作简单，是微课制作初学者的首选软件，PowerPoint（以下简称 PPT）课件可通过 Camtasia Studio 制作成微课。

本书集理论基础、课件制作和实践技能于一体，详细介绍 PPT 多媒体课件的基础知识、制作过程，并加入了教学设计的讲解、微课基本知识及制作方法，读者阅读完本书后能具有信息化教学设计能力及多媒体课件制作能力。

本书通过案例讲解知识点，案例设计精美、操作简单、实用性强，能较好地满足教师教学和学生学习的需要。

本书中提到的素材文件可到网站 http://www.abook.cn 上下载。

本书由赵艳、王相和担任主编，张秋月、刘静担任副主编。具体编写分工如下：第 1 章、第 5 章由刘静编写；第 2～4 章由张秋月编写；第 6～8 章由赵艳编写；第 9 章、第 10 章由王相和编写。

编者在编写本书的过程中，参考并引用了一些学者的著作、论文及网上资源，得到了通化师范学院传媒学院于江涛院长和其他老师的大力帮助和支持，在此一并表示感谢。

由于编者水平有限，加之编写时间仓促，书中难免存在疏漏和不足之处，敬请广大读者批评指正。

编　者

2018 年 4 月

目 录

CONTENTS

第 1 章 多媒体课件设计与制作基础 …… 1

1.1 多媒体课件初识 …… 2

1.2 多媒体课件设计 …… 2

1.2.1 教学设计 …… 2

1.2.2 结构设计 …… 4

1.2.3 界面设计 …… 5

1.3 多媒体课件制作流程 …… 5

1.4 多媒体课件素材采集与处理 …… 7

本章小结 …… 23

第 2 章 PowerPoint 2010 基础 …… 24

2.1 PowerPoint 2010 简介 …… 25

2.2 PowerPoint 2010 工作界面及基本操作 …… 27

2.3 演示文稿的基本操作 …… 31

2.3.1 创建演示文稿 …… 31

2.3.2 打开演示文稿 …… 36

2.3.3 保存演示文稿 …… 37

2.4 PowerPoint 2010 常用视图 …… 38

本章小结 …… 39

第 3 章 PPT 课件制作——文字课件 …… 40

3.1 制作课件封面 …… 41

3.1.1 输入文字 …… 41

3.1.2 设置文字格式 …… 43

3.2 制作课件导航页 ······47
3.2.1 插入艺术字 ······47
3.2.2 编辑艺术字 ······50
3.3 制作课件内容 ······51
本章小结 ······55

第 4 章 PPT 课件制作——图片课件 ······56

4.1 制作课件目录页 ······57
4.1.1 绘制图形 ······57
4.1.2 编辑图形 ······58
4.2 制作课件内容 ······63
4.2.1 插入图片 ······63
4.2.2 美化图片 ······66
本章小结 ······73

第 5 章 PPT 课件制作——声音课件 ······74

5.1 为课件添加音频 ······75
5.2 为课件添加 Flash 动画 ······77
5.3 为课件添加视频 ······81
本章小结 ······86

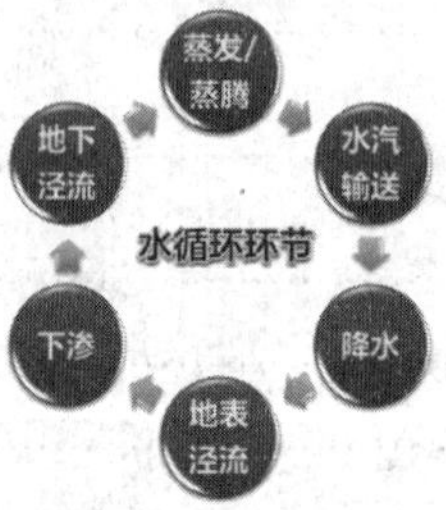

第 6 章 为 PPT 课件添加表格、图表和 SmartArt 图形 ······87

6.1 在 PPT 课件中插入表格 ······88
6.1.1 插入表格 ······88
6.1.2 编辑表格 ······89
6.1.3 美化表格 ······91
6.1.4 表格应用实例 ······93
6.2 在 PPT 课件中插入图表 ······96
6.2.1 插入图表 ······97
6.2.2 设置图表属性 ······99
6.2.3 图表应用实例 ······102
6.3 在 PPT 课件中插入 SmartArt 图形 ······108
6.3.1 插入 SmartArt 图形 ······108
6.3.2 设置 SmartArt 图形 ······109
6.3.3 SmartArt 图形应用实例 ······109

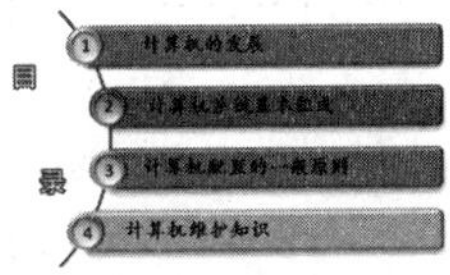

本章小结 …… 116

第 7 章　为 PPT 课件添加动画及交互效果 …… 117

7.1　为幻灯片设置切换效果 …… 118
7.2　为幻灯片中的对象添加动画效果 …… 119
7.2.1　添加“进入”动画效果 …… 120
7.2.2　添加“强调”动画效果 …… 122
7.2.3　添加“退出”动画效果 …… 122
7.2.4　添加“动作路径”动画效果 …… 123
7.2.5　利用“动画窗格”设置动画 …… 123
7.3　为 PPT 课件添加交互效果 …… 124
7.3.1　利用触发器功能为课件添加交互效果 …… 124
7.3.2　为 PPT 课件添加超链接 …… 126
7.3.3　为 PPT 课件添加动作按钮 …… 128
本章小结 …… 129

第 8 章　放映及输出 PPT 课件 …… 130

8.1　放映 PPT 课件 …… 131
8.1.1　开始放映幻灯片 …… 131
8.1.2　设置幻灯片放映 …… 133
8.1.3　排练计时 …… 134
8.1.4　录制和清除幻灯片演示 …… 135
8.1.5　利用笔作标记 …… 135
8.2　输出 PPT 课件 …… 137
8.2.1　打印 PPT 课件 …… 137
8.2.2　打包 PPT 课件 …… 138
8.2.3　将 PPT 课件输出为其他格式文件 …… 141
本章小结 …… 143

第 9 章　PPT 课件综合制作 …… 144

9.1　制作《辛亥革命》课件 …… 145
9.1.1　制作 PPT 封面页和设置内容母版 …… 145
9.1.2　制作 PPT 课件内容页 …… 148
9.1.3　添加动画和交互效果 …… 149
9.2　制作《一元一次方程式与方程组》课件 …… 150

9.2.1 制作 PPT 封面和设置内容母版 …………………………… 150
9.2.2 制作 PPT 课件内容页 …………………………………… 152
9.2.3 添加动画和交互效果 …………………………………… 154
本章小结 ……………………………………………………… 154

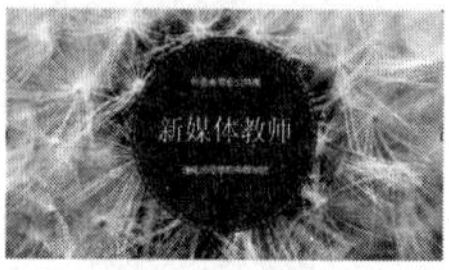

第 10 章 利用 Camtasia Studio 制作微课 ……………………… 155

10.1 微课 ……………………………………………………… 156
10.2 Camtasia Studio 软件简单使用 ………………………… 157
10.3 Camtasia Studio 软件详解 ……………………………… 161
本章小结 ……………………………………………………… 171

参考文献 ……………………………………………………… 172

第1章

多媒体课件设计与制作基础

学习目标

1）了解多媒体课件的定义和特点。

2）了解教学系统设计的内容。

3）了解多媒体课件制作的流程和原则。

4）掌握获取与处理多媒体课件素材的方式与方法。

1.1 多媒体课件初识

对于课件，不同的人有不同的理解：有人认为课件是一款软件，有人认为课件是教材的一种形式，有人认为课件是一种应用程序，也有人认为课件是教师的讲稿，还有人认为课件是教学的电子信息和数据信息。其实，这些理解并不完全准确。那么究竟该怎样理解课件的定义呢？

1. 多媒体课件的定义

课件的全称是多媒体课件，它是由计算机辅助教学与多媒体技术相结合而形成的。多媒体课件即利用计算机技术和多媒体技术进行辅助教学的软件。它主要包括两个方面：一方面是以计算机为中心，集文字、图像、声音、视频、动画等多种形式于一体；另一方面是将难以用语言表述的教学内容，通过直观演示、实时操作、人机交互等多种方式展示给学生，进而提高教学质量和学习效率。

例如，课件中都有教学方法和教学设计的应用，单纯地将概念按照教材上所写的文字罗列到计算机中不能称为课件，单独的一组图片、一段声音、一段视频也不能称为课件，只有通过教师的设计用于解决特定教学问题的课程软件，才可称为课件。这时，图片、声音、视频都起到创设情境和意境的作用。

2. 多媒体课件的特点

（1）表现力丰富

多媒体课件能够将抽象、无形的事物以生动、逼真、直观的形式表现出来，使原本枯燥、单调、晦涩的教学内容充满活力，容易让人接受。

（2）交互性良好

多媒体课件能够在教学内容上提供良好的交互控制，并且能够运用恰当的教学策略对学生进行学习指导，因材施教。

（3）共享性强

随着计算机网络技术的发展，信息的交互性和共享性使教育资源共享成为可能。在网络环境下，多媒体课件实现了教育资源共享，全面优化了教学内容、教学方法和教学过程，大大提高了教学效果。

1.2 多媒体课件设计

1.2.1 教学设计

虽然教学系统设计的定义尚未统一，但是大家比较认可的定义为，教学系统设计也称为教学设计，是应用系统方法分析、研究教学的问题和需求，确定解决它们的教学策略、教学方法和教学步骤，并对教学结果做出评价的一种计划过程与操作程序。

教师为了更好地进行教学工作，提高教学效果和效率，在进行教学过程之前，对所要讲述的教学内容如何安排、采用什么教学方法、展开哪些教学活动、最后如何进行教学评价等问题进行计划，形成一套完整的方案，并通过评价和反馈来不断调整和修改完善方案，从而优化教学。

教学设计的基本内容包括学习者分析、学习需要分析、教学目标确定、教学策略设计和教学评价等方面。

1. 学习者分析

教学设计的目的是有效促进学习者学习，因此，学习者是教学活动的主体。不同的成长环境和教育背景会造成学习者有不同的心理发展水平，同时也会形成不同的学习基础和认知程度。不同的学习者具有不同的学习特点，有的学习者过于依赖教师，教师教什么就学什么，而不会主动发现问题，有的学习者则具有独立发现和解决问题的能力。不同的学习者会有不同的学习风格，如视觉型、听觉型、触觉型和动觉型。教师在教学过程中应分析学习者的特点，从而制定出最优的教学策略。

2. 学习需要分析

学习需要分析的目的是找到学习者现有的知识水平与期望达到的水平之间的差距，这个差距为教师提供了有效的资料和数据。换句话说，通过找到这个“差距”来大致确定教学内容。

3. 教学目标确定

教学目标是对教学后学生应该表现出来的可见行为的具体、明确的表述。前面学习需要分析确定的是总的学习目标，这里的教学目标是将学习目标分成若干小问题，即确定一小节课要达成的目标。通过确定教学目标可以为分析教材和设计教学活动提供依据，激发学生的学习动机，帮助教师修正教学过程。

教学目标包括认知类教学目标、动作技能类教学目标、情感类教学目标 3 个方面，应从教师的角度来写教学目标。认知类教学目标主要包括知道、理解、应用、分析、综合、评价。动作技能类教学目标主要包括模仿、协调、熟练、创新。情感类教学目标主要包括接受、思考、兴趣、热爱、品格形成。同时应该注意：教学目标过大、过多，脱离了实际情况，在本节课内就完不成；教学目标过小、过少，在本节课中教给学生的知识太少，知识的信息量就不够；教学目标偏离教学内容，说明没有把握好教材，对教材的理解和认识不到位。

教学目标设定的原则：具体明确、可度量、可实现、有相关性、有期限。

例如，下面是语文教学中两个教学目标的表达：①学生能熟记课文中的新汉字；②学生能在 1 分钟之内听写完 30 个汉字，错误不超过 1 个。

从上面的两个例子中不难看出，第二个要明显好于第一个，目标更为明确具体。所以教师在教学过程中给学生设定的目标应该是具体、明确的。

4. 教学策略设计

教学策略是指在不同的教学条件下，为了达到不同的教学效果所选择的不同方法、方式、媒体的总和。常用的教学策略包括以下两种。

1）替代型教学策略：教师为主体，教师课前设计好教学内容，在教学过程中向学生传授，学生在短时间内可以学到更多的知识，但学生被动学习，容易缺乏学习兴趣。

2）生成型教学策略：学生为主体，学生按照自己的学习习惯和能力自主学习，学习效果好，但对学生的学习能力要求较高。

可以看出，两种教学策略各有优缺点，实际操作中，可以将两者有效结合，以替代型教学策略为主，辅以生成型教学策略，有效地提高教学效率。

5. 教学评价

教学评价虽然放在教学设计的最后，但实际上它一直贯穿于教学设计始终。教学设计以评价反馈为途径来检验计划并不断修改完善计划、方案，以使教学设计效果最优化。教学评价按功能不同可分为诊断性评价、形成性评价和总结性评价。

1）诊断性评价：在学习之前进行，目的是了解学生已经达到的水平。

2）形成性评价：在学习过程中随时随地进行，目的是使学习效果更好，发现问题及时修改。

3）总结性评价：一学期课程或一门课程结束后进行的综合评价，目的是考核学生在经过一段时间的学习后对知识的掌握情况。

1.2.2 结构设计

多媒体课件的结构设计是指安排目录主题的显示方式，建立信息之间的层次结构和浏览顺序，确定信息之间的交叉跳转关系。结构设计主要包括节点设计、链的设计，以及由此产生的网络和学习路径的设计。

1. 节点设计

在节点设计中，根节点是学生进行学习遇到的第一个节点，同时也是任何节点都能返回的中心节点，因此根节点的设计尤为重要。根节点的常用设计方法包括以下几种。

1）总述。根节点是整个内容的概述，它与知识库中的所有主要概念都建立有联系。

2）自顶而下。使用层次分析法，根节点是顶端的本质概念。

3）目录。根节点是知识库中主要概念的列表或内容表。

4）辅导。根节点是进入其他节点通道的示范。

2. 链的设计

链的设计主要涉及节点之间的关联及表现形式。链的设计分为以下 3 种。

1）线性链：反映节点之间的次序、位置等关系。

2）树形链：体现节点之间的层次、归属、类推等关系，反映节点内容的语义逻辑关系。

3）网状链：即任何节点之间可以建立联系，如背景、索引、参考资料等。

1.2.3　界面设计

良好的课件界面设计不仅能有效地实现个别化教学，而且能通过人机对话引导学生思维向纵深发展，同时能使学生在良好的心理状态下积极主动地学习。这就需要我们在进行课件界面设计时遵循以下基本原则。

（1）易学易用原则

多媒体课件的最终用户是教师或学生，多媒体课件界面设计应符合人们常规的交互习惯与思维方式，同时要有良好、简单的交互方式，避免给计算机操作能力薄弱的学生带来学习上的困难。

（2）简单明了原则

简单明了原则要求课件界面上的用语准确、简单、明了，但也不能过于简略或概括。用语需要无歧义，符合学生的认知心理特点。

（3）一致性原则

多媒体课件整体风格应统一，使学生获得良好的视觉体验，也能让学习者具有清晰的思路。相同图标或按钮应该具有相同的功能，避免造成学生认知的负担和思维的混乱。

（4）适应性原则

学生存在个别的差异，在设计多媒体课件时应尽量满足不同学生的需要。在设计思路上要体现出“以人为本”的理念，让不同学习风格的学生都能够使用。

1.3　多媒体课件制作流程

多媒体课件制作的一般流程如图 1-1 所示。

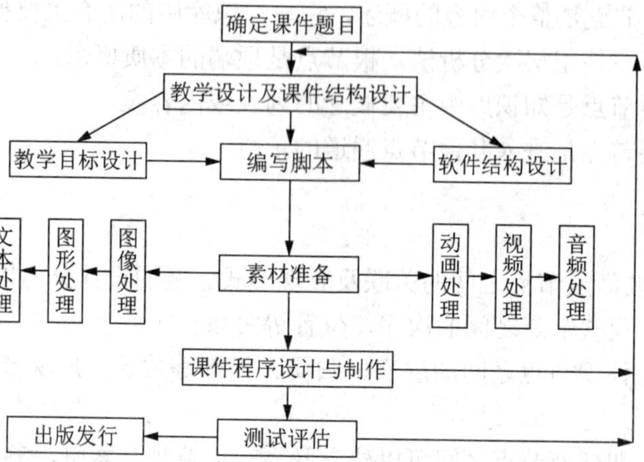

图 1-1 多媒体课件制作的一般流程

1. 多媒体课件制作的原则

多媒体课件的质量不是通过课件中运用了多少复杂的技术和动画来评价的。多媒体课件体现的是教师对课程的教学设计思路和教学策略的运用，能够让学生理解和掌握所学的知识点即可。优秀的多媒体课件应具备以下几点。

1）教学性。课件的应用必须是能够提高课堂教学效率的，同时要有明确的教学目标，符合学生的认知规律。

2）交互性。课件的操作要尽量简便、灵活、易于控制，尽量避免复杂的交互操作。

3）科学性。课件制作要符合科学性，内容要准确；逻辑要严谨，不能使学生对所学的内容出现理解错误。

4）简约性。课件展示的画面应符合学生的视觉心理。突出重点的同时又必须避免出现冗余的信息干扰学生的注意力。每页的文字要求尽可能少，避免文字过多铺满屏，重点不突出。

5）艺术性。课件的展示要能起到良好的教学效果，同时要吸引学生的注意力，激发学生的学习兴趣。

6）适度使用。“尺有所短，寸有所长”，要根据学科特点和多媒体课件的优势结合使用不同教学媒体，才会起到事半功倍的教学效果。

7）其他。例如，制作的课件是否具有开放性、课件色彩的搭配问题等。

注意：制作多媒体课件的过程中容易出现以下几点误区。

1）将书本上的内容全部照搬照抄地放在课件中。

2）不符合内容认知规律，乱用多媒体。

3）将课件当成讲稿。

4）课件界面混乱，没有导航或思路不清晰。

2. 多媒体课件制作的工具

选择什么样的软件来制作课件，将会对课件制作过程和效果有着很大的影响，要根据课件最终要实现的功能来选择。现今，课件制作软件众多，常见的有 PowerPoint、Flash、Authorware 和几何画板、Visual Basic 等，这些软件具有各自的特点，其功能各异。在选择软件之前，首先要知道软件的基本功能有哪些，如多媒体集成功能、内容组织功能、交互功能、发布功能。

1）多媒体集成功能：要求制作人员掌握插入文本、图片、动画、声音、视频等形式内容的操作方法。

2）内容组织功能：要求制作人员能够控制多媒体课件内容呈现的顺序。

3）交互功能：要求制作人员熟悉所使用软件的按钮、菜单、热区等交互功能的实现及返回信息的呈现方法。

4）发布功能：要求制作人员掌握多媒体课件的存储与发布。

1.4　多媒体课件素材采集与处理

1. 文本素材的获取方法

文本素材的获取方法有键盘输入、手写板输入、语音识别、OCR（optical character reader，光字符阅读机）文本识别等。

2. 图像的获取方法

图像的获取方法有利用扫描仪将图片转换为数字图像、利用数码照相机拍摄数字图像、利用抓图软件抓取数字图像、从剪贴画寻找图片和从网上下载等。

推荐以下图像素材获取网站。

1）昵图网，网址：http://www.nipic.com。

2）花瓣网，网址：http://huaban.com/。

3）优美网，网址：http://www.topit.me。

4）百度图片，网址：http://image.baidu.com/。

5）站长素材，网址：http://sc.chinaz.com/。

3. 使用 Photoshop 软件编辑图像素材

实例 1：改变图像大小

1）打开 Photoshop 软件，选择“文件”|“新建”选项，在弹出的“新建”对话框中设置“预设”为默认 Photoshop 大小，单击“确定”按钮，如图 1-2 所示。

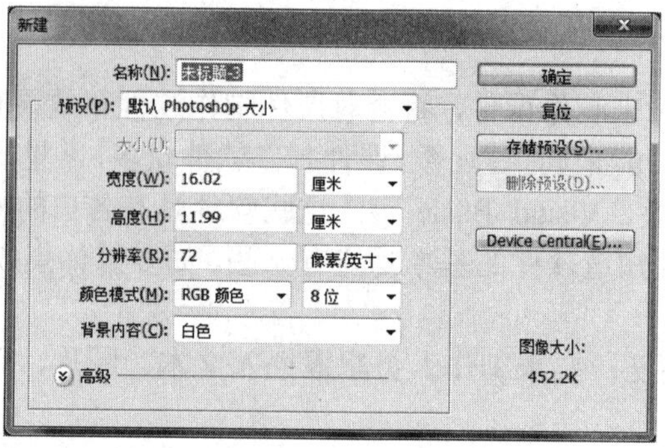

图 1-2 “新建”对话框

2）选择“文件”|“打开”选项，在弹出的“打开”对话框中选择素材“第 1 章\图片素材”文件夹中的“风景.jpg”，单击“打开”按钮即可打开风景图片素材，如图 1-3 所示。

3）选择“窗口”|“排列”|“平铺”选项，将窗口平铺，然后选择工具箱中的移动工具，将“风景.jpg”移至新建的空白图像上，如图 1-4 所示。

图 1-3 打开风景图片素材

图 1-4 将风景图片移至空白图像上

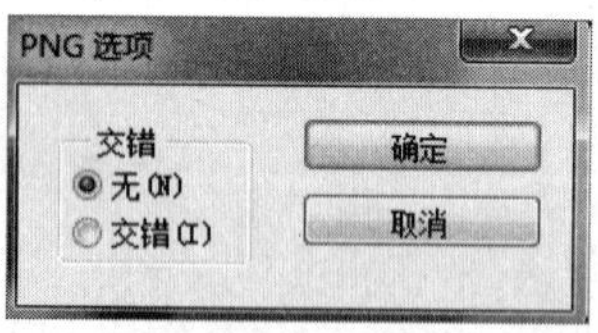

图 1-5 “PNG 选项”对话框

4）选择“编辑”|“自由变换”选项（或使用【Ctrl+T】组合键），将图片调整到与背景图层一样大小，按【Enter】键。

5）选择“文件”|“存储为”选项，在弹出的“存储为”对话框中的“格式”下拉列表中选择 PNG 格式，单击“保存”按钮，在弹出的“PNG 选项”对话框（图 1-5）中单击“确定”按钮，将图片保存为 PNG 格式的图片。

实例 2：运用魔棒工具进行抠图

常用的抠图工具有钢笔工具、魔棒工具、快速选择工具、套索工具、多边形套索工具、磁性套索工具、橡皮擦工具、背景橡皮擦工具，复杂抠图工具有“抽出”滤镜、Alpha 通道。

下面通过实例介绍运用魔棒工具抠图的方法。

1）打开 Photoshop 软件，选择“文件”|“打开”选项，在弹出的“打开”对话框中选择素材“第 1 章\图片素材”文件夹中的“花.jpg”，单击“打开”按钮即可打开图片素材，如图 1-6 所示。

2）双击背景图层，在弹出的“新建图层”对话框中单击“确定”按钮，将背景图层转化为普通图层。

3）选择工具箱中的魔棒工具，然后单击工具选项栏中的“添加到选区”按钮，并将“容差”设为 50，然后单击花朵，以选中花朵，如图 1-7 所示。

图 1-6　打开图片素材

图 1-7　使用魔棒工具选中花朵

4）单击工具选项栏中的“调整边缘”按钮，在弹出的“调整边缘”对话框中设置“羽化”值为 5 像素，并选择“输出到”下拉列表中的“新建带有图层蒙版的图层”选项，单击“确定”按钮，如图 1-8 所示。

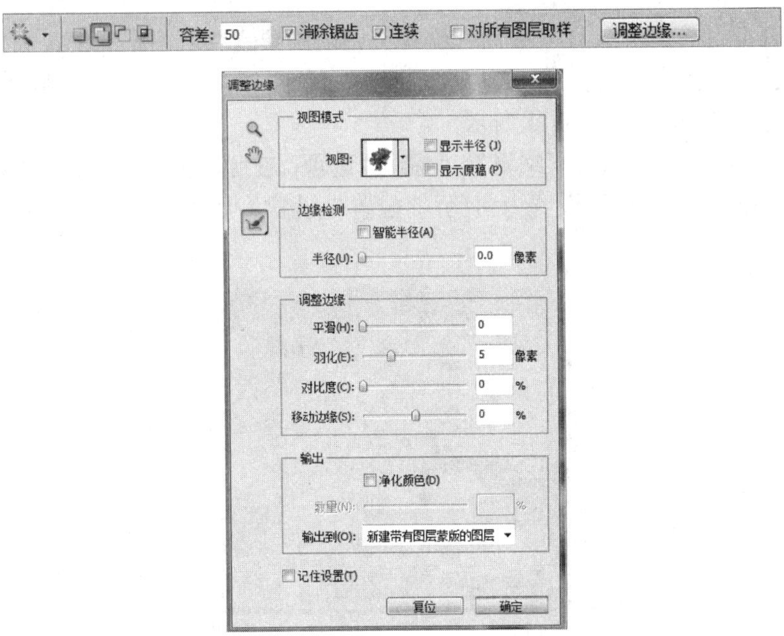

图 1-8　“调整边缘”对话框

图 1-9 删除背景后的图片

5）此时可得到如图 1-9 所示的删除背景后的图片。选择“文件”|“存储为”选项，在弹出的“存储为”对话框中的“格式”下拉列表中选择 PNG 格式，单击“保存”按钮，在弹出的“PNG 选项”对话框中单击“确定”按钮，将图片保存为 PNG 格式的图片。

实例 3：制作邮票

1）选择“文件”|“新建”选项，在弹出的“新建”对话框中设置“预设”为默认 Photoshop 大小，单击“确定”按钮，并将图层颜色填充为黑色，如图 1-10 所示。

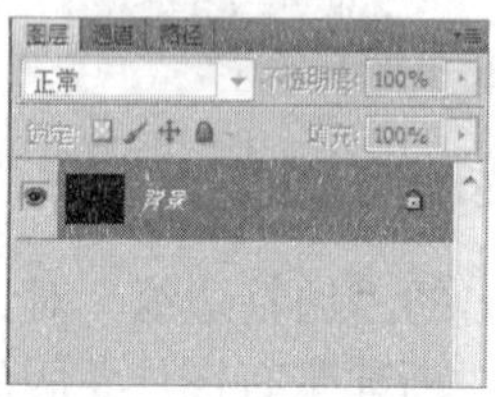

图 1-10 新建空白图像并填充为黑色

图 1-11 调整图片大小

2）打开素材“第 1 章\图片素材”文件夹中的邮票素材“山水.jpg”，选择工具箱中的移动工具，将“山水.jpg”移动到新建画布上，选择“编辑”|“自由变换”选项，对图片大小进行调整，如图 1-11 所示。

3）选择“图层 1”，选择“编辑”|“描边”选项，在弹出的“描边”对话框中将“宽度”设置为 15px，“颜色”设置为白色，“位置”设置为居中，单击“确定”按钮，如图 1-12 所示。

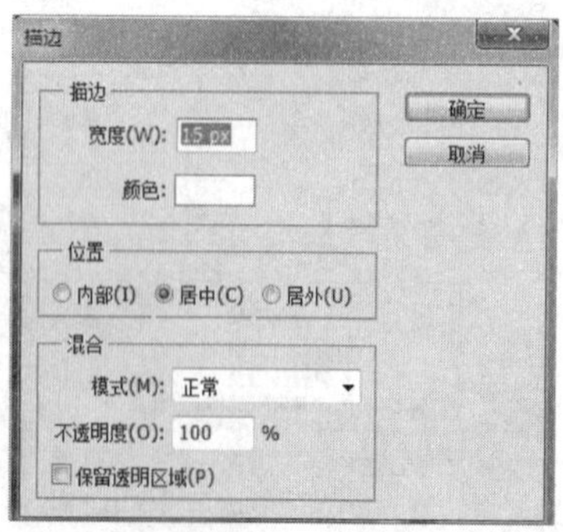

图 1-12 “描边”对话框

4）新建“图层 2”，在工具箱中选择橡皮擦工具，在工具选项栏中单击“切换画笔面板”按钮，在弹出的“画笔”面板中设置画笔的“大小”为 25px，调整画笔的“间距”为 150%，如图 1-13 所示。

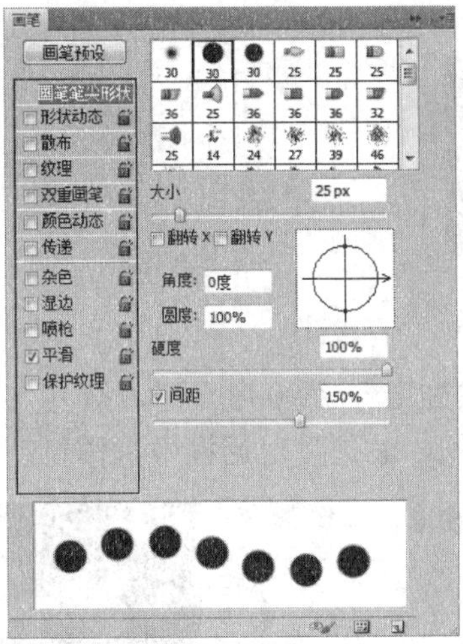

图 1-13　“画笔”面板

5）选择“图层 1”，并按住【Shift】键在图像四周画点状直线，完成邮票打孔，如图 1-14 所示。

6）在工具箱中选择横排文字工具，在工具选项栏中设置文字字体为“华文中宋”、字号为“30 点”，并输入“中国邮政”和“8 分”。其中，“8”的字号为“36 点”，如图 1-15 所示。

图 1-14　画点状直线

图 1-15　输入邮票文字

实例 4：制作火焰字

1）选择“文件”|“新建”选项，在弹出的“新建”对话框中设置“预设”为默认 Photoshop 大小，单击“确定”按钮，并将图层颜色填充为黑色。

2）在工具箱中选择横排文字工具，在工具选项栏中设置文字字体为“华文宋体”、字号为“60 点”、字体颜色为白色，并输入“火焰”两个字，如图 1-16 所示。

3）选择“图像”|“图像旋转”|“90 度（顺时针）”选项，然后选择“滤镜”|“风

格化”|“风”选项，在弹出的提示对话框中单击“确定”按钮，栅格化文字，在弹出的“风”对话框中设置“方法”为“风”、“方向”为“从右”，单击“确定”按钮，重复按【Ctrl+F】组合键2～3次，结果如图1-17所示。

图1-16　输入文字“火焰”

图1-17　执行风格化

4）选择“图像”|“图像旋转”|“90度（逆时针）”选项，然后选择“滤镜”|“扭曲”|“波浪”选项，在弹出的“波浪”对话框中制作抖动效果，如图1-18所示。

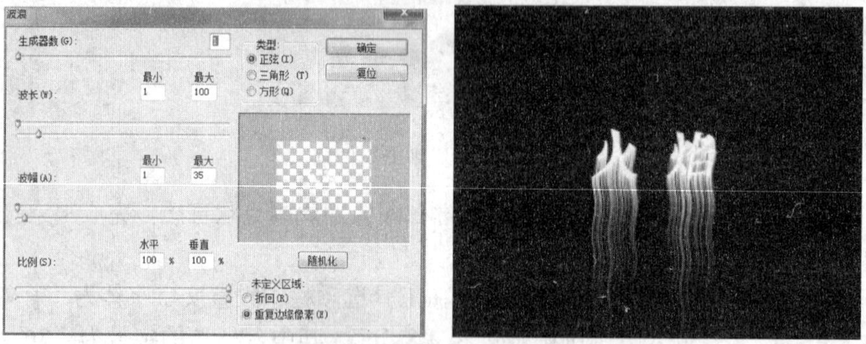

图1-18　制作抖动效果文字

5）选择“图像”|“模式”|“灰度”选项，在弹出的提示对话框中单击“拼合”按钮，在弹出的“信息”对话框中单击“扔掉”按钮，如图1-19所示。

图1-19　灰度设置

6）选择“图像”|“模式”|“索引颜色”|选项，选择“图像”|“模式”|“颜色表”选项，弹出“颜色表”对话框，在“颜色表”下拉列表中选择“黑体”选项，单击“确定”按钮，火焰字制作完成，如图1-20所示。

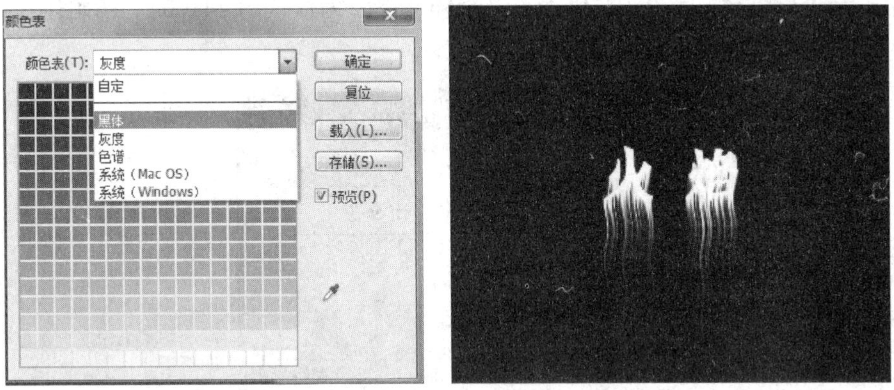

图 1-20　设置颜色表

4. 声音素材的获取方法

推荐以下声音素材获取网站。

1）站长素材（音效下载、音效素材、音效网），网址：http://sc.chinaz.com/yinxiao/。

2）声音网，网址：http://www.shengyin.com/。

3）音效网，网址：http://www.yinxiao.net/。

在获取声音素材后，还可以通过专业的声音处理软件对声音进行处理，常用的声音处理软件有 GoldWave、Adobe Audition 等。这里介绍使用 GoldWave 录制和处理声音素材的操作方法。

GoldWave 是一款简单易用的声音处理软件，不仅可以进行声音的录制，还可以进行声音的后期编辑和处理。GoldWave 的操作界面如图 1-21 所示。

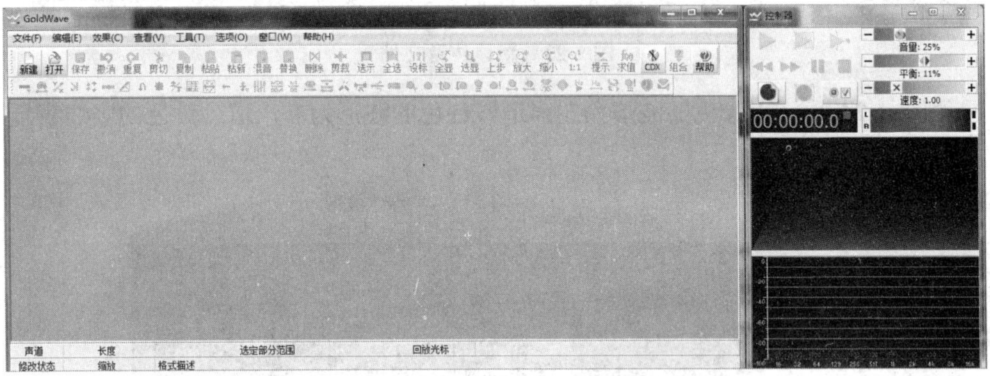

图 1-21　GoldWave 的操作界面

使用 GoldWave 进行声音录制的具体操作步骤如下。

1）打开 GoldWave 软件，选择“文件”|“新建”选项，在弹出的“新建声音”对

话框中设置“声道数”为2（立体声）、“采样速率”为默认的44100、“初始化长度”为5:00.0（5分钟），如图1-22所示。

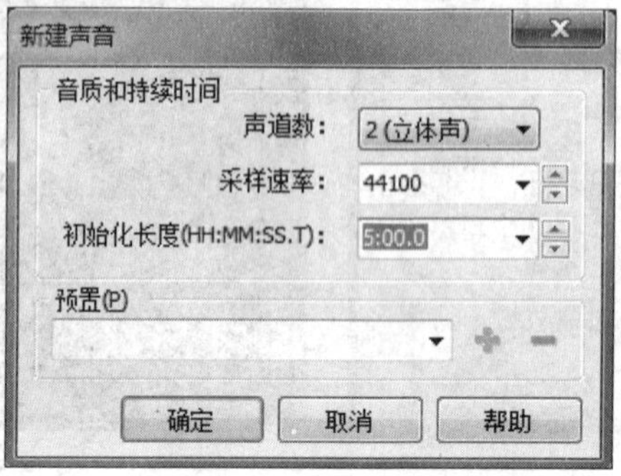

图1-22 “新建声音”对话框

2）单击“确定”按钮，新建如图1-23所示的声音文件。

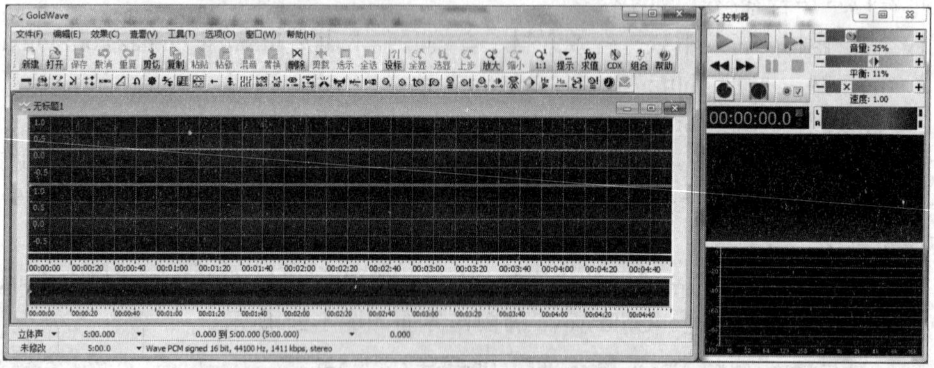

图1-23 新建声音文件

如图1-24所示，绿色的波形为左声道，红色的波形为右声道，黄色的竖线表示当前时间。

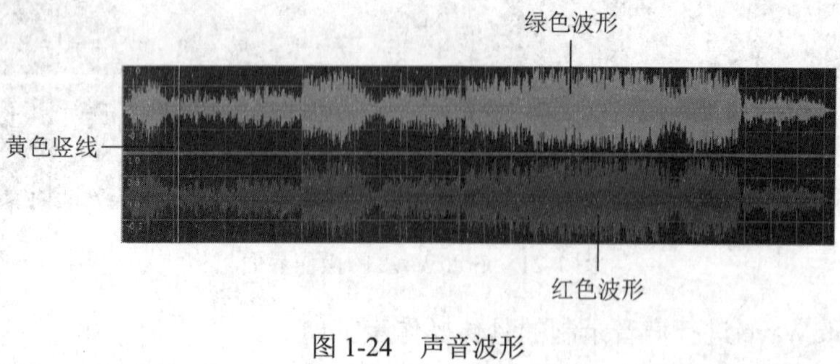

图1-24 声音波形

3）选择“工具”|“控制器”选项，在打开的“控制器”窗口中单击“开始录音”按钮，即可进行声音的录制，如图 1-25 所示。

4）在录音的过程中可以单击“暂停录音”按钮暂停录制声音，单击“停止录音”按钮结束声音的录制，如图 1-26 所示。

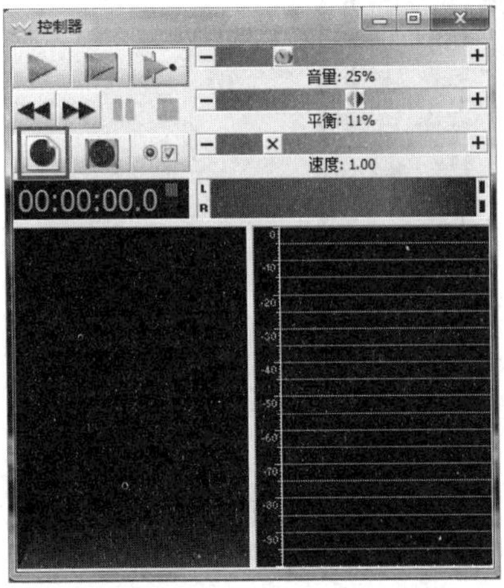

图 1-25　“控制器”窗口

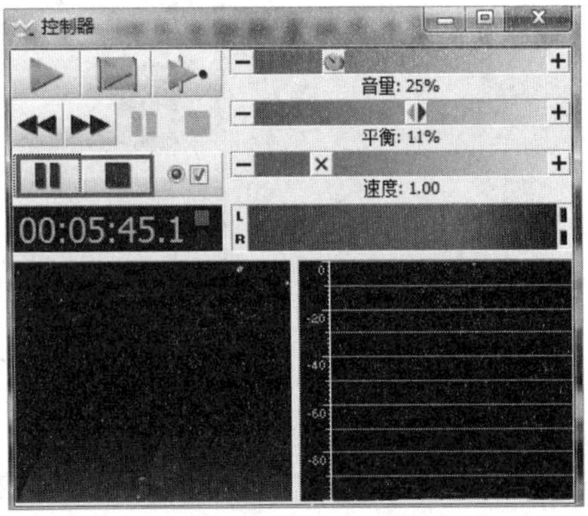

图 1-26　暂停和结束录音

5）在一段音频波形中，通过拖动鼠标选择不想要的部分，如图 1-27 所示，然后单击“删除”按钮，或者直接按【Delete】键删除。

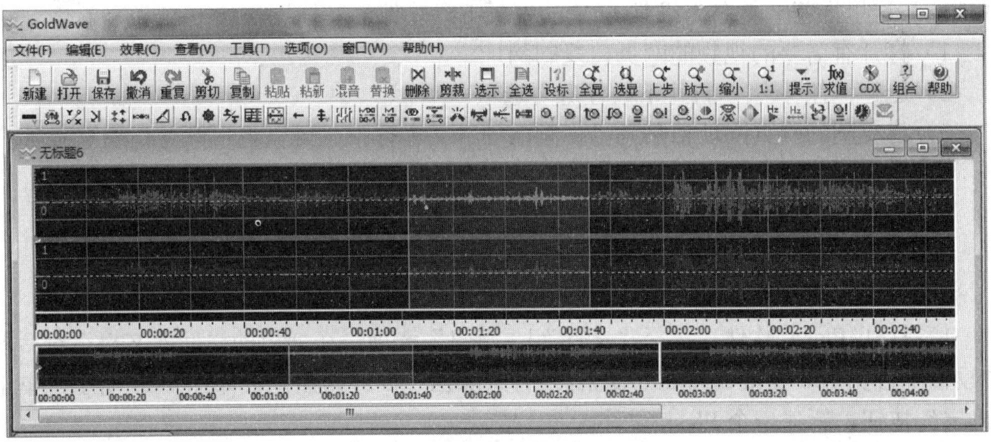

图 1-27　删除不要的声音部分

6）选项“效果”|“滤波器”|“降噪”选项，在弹出的“降噪”对话框中对“重叠”进行设置，然后单击“确定”按钮，如图 1-28 所示。

注意：“重叠”值不能设置太大，否则会使声音发生变音。

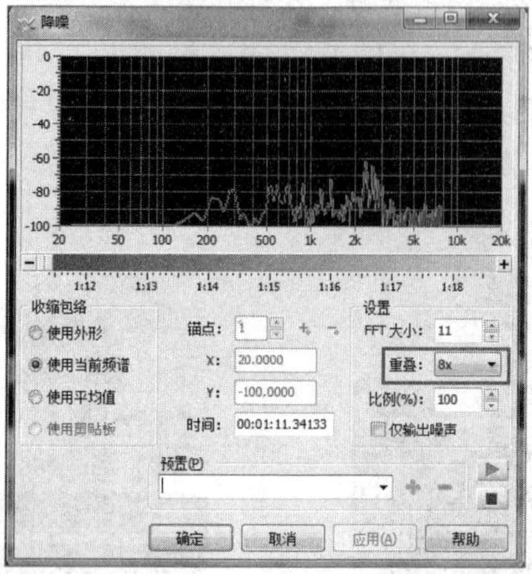

图 1-28　声音降噪

7）选择“文件”|“另存为”选项，在弹出的“另存为”对话框中选好路径和声音格式，对处理好的声音文件进行保存，然后单击“确定”按钮即可。

5. 动画、视频素材的获取方式方法

动画、视频素材的获取方法有从网络获取、对素材进行格式转换等。

多媒体课件中的大多数视频来源于网络，但同时很多时候网络中没有提供视频的下载地址，这里推荐一款名为维棠 FLV 的视频下载软件，具体操作如下。

1）打开有需要的视频的网页，复制网址。

2）选择“任务”|“新建下载任务”选项。

3）将复制的网页网址粘贴到“视频网址”文本框中，可以将视频另存或重命名。

4）单击“确定”按钮。

还可以使用 Flash 制作动画，下面通过实例来介绍用 Flash 制作动画的方法。

实例 1：制作写字效果

1）打开 Flash 软件，选择“文件”|“新建”选项，在弹出的“新建文档”对话框中设置舞台宽 700 像素、高 200 像素，“背景颜色”设置为黑色，如图 1-29 所示，单击“确定”按钮，新建一个 Flash 文件。

2）选中第 1 帧，选择工具箱中的文本工具 T，在“属性”面板中设置“系列”为华文楷体、“大小”为 90、“颜色”为黄色，输入“多媒体课件制作”，如图 1-30 所示。

3）选中文本，连续按两次【Ctrl+B】组合键，将文字打散，如图 1-31 所示。

4）本例中共有 7 个汉字，共计 56 笔，按照文字的笔画顺序来对文字进行擦除，形成写字效果。所以插入 56 个关键帧，并在第 65 帧处插入帧，如图 1-32 所示。

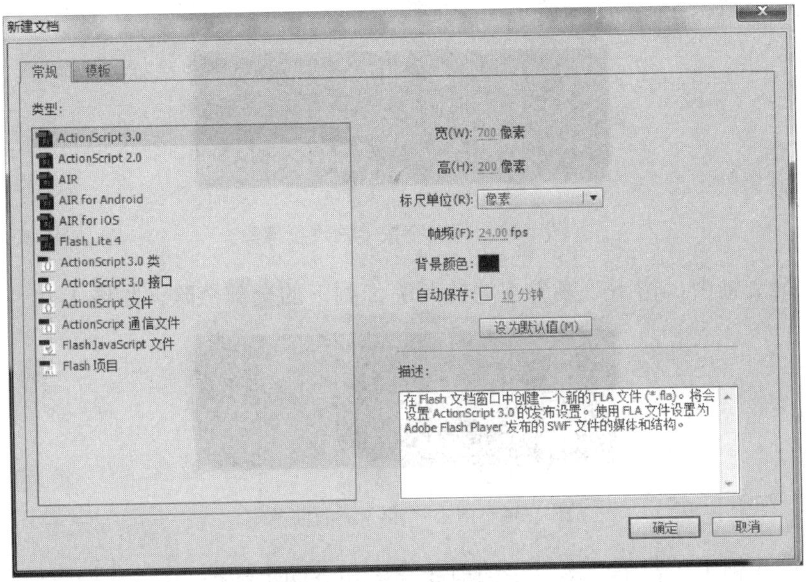

图 1-29　新建 Flash 文档

图 1-30　输入文本

图 1-31　打散文字

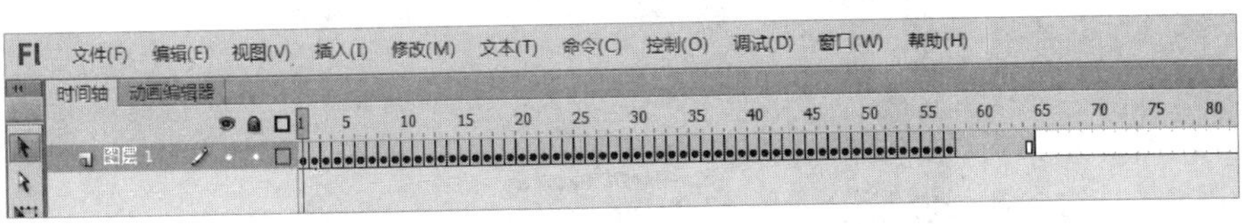

图 1-32　插入关键帧

5）选中第 1 帧，选择工具箱中的橡皮擦工具，可以根据实际需要选择形状和橡皮擦的大小。将第 1 帧中的“多”字只留下第一笔，剩下的笔画和后面的字全部擦除，如图 1-33 所示。在擦除文字的过程中，可利用工具箱中的缩放工具缩放视图显示比例，可将文字放大或缩小显示，以便于更好地操作。

图 1-33　将文字按笔画进行擦除

6）在第 2 帧中，留下“多”字的前两笔，剩下的全部擦除，如图 1-34 所示。

图 1-34　留下“多”字的前两笔

7）在第 3 帧中，留下“多”字的前 3 笔，剩下的全部擦除，如图 1-35 所示。

图 1-35　留下“多”字的前 3 笔

8）按照以上操作步骤，将全部文字按笔画的顺序擦除形成写字效果。

9）选择“控制”|“测试场景”选项，如图 1-36 所示，观看效果。

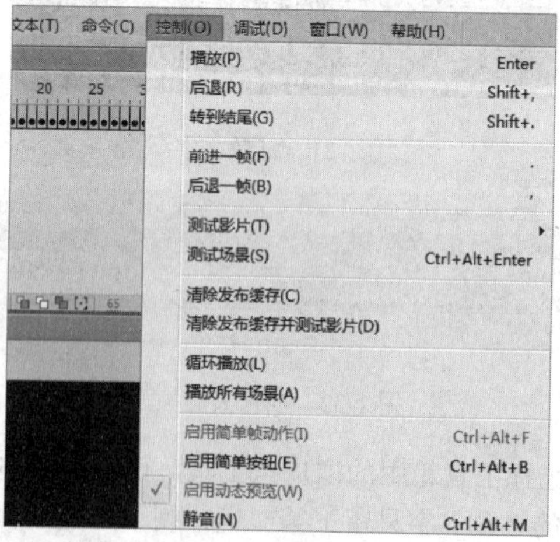

图 1-36　测试场景

10）选择“文件”|“另存为”选项，在弹出的“另存为”对话框中将文件命名为“打字效果——多媒体课件制作.fla”项目文件（项目文件是可以再次修改调整的），单击“保存”按钮即可。选择“文件”|“导出”|“导出影片”选项，在弹出的“导出影片”对话框中将文件保存为扩展名为.swf 的 Flash 动画，单击“保存”按钮即可。

实例 2：创建补间形状动画

补间形状动画可以用来实现从一种形状到另外一种形状的变化，同时还可以设置颜色到颜色的渐变、位置的改变、大小的变化。下面通过实例来介绍形状的变化——由“制作”两个字变为“课件”两个字的补间形状动画。

1）选择“文件”|“新建”选项，在弹出的“新建文档”对话框中设置舞台宽 600 像素、高 200 像素，“背景颜色”为默认的白色，如图 1-37 所示，单击“确定”按钮，新建一个 Flash 文件。

2）选中第 1 帧，选择工具箱中的文本工具，在舞台的左侧写下“制作”两个字，然后在“属性”面板中设置“系列”为华文行楷、“大小”为 80、“颜色”为绿色，如图 1-38 所示。

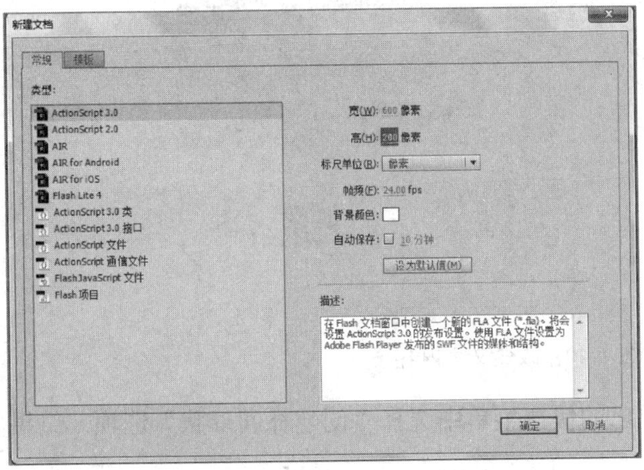

图 1-37　“新建文档”对话框

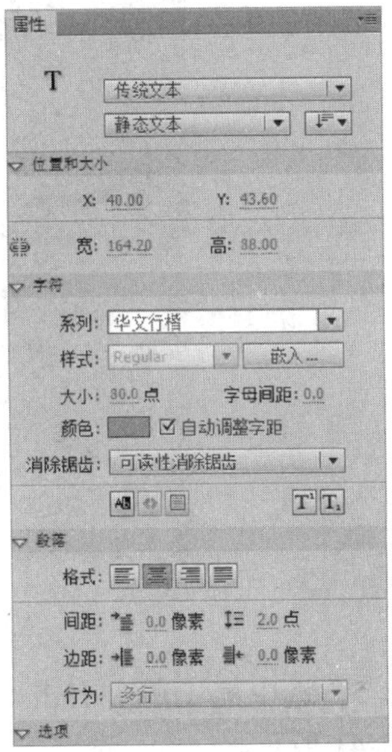

图 1-38　“属性”面板

3）选中第 1 帧中的文字，连续按两次【Ctrl+B】组合键，将文字打散，并在第 30 帧插入关键帧，选择工具箱中选择工具，将第 30 帧的文字位置由左侧移动到右侧，如图 1-39 所示。

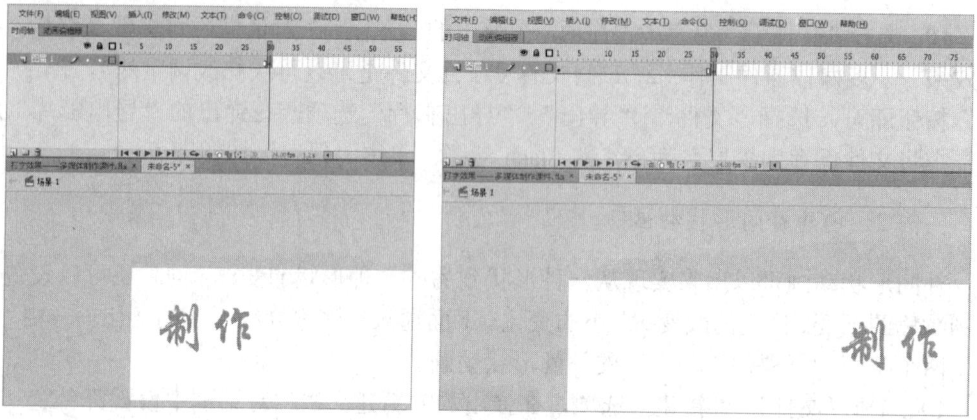

图 1-39　改变文字位置

4）选中第 30 帧，选中“制作”两个字，并按【Delete】键将其删除，在此位置输入“课件”两个字，连续按两次【Ctrl+B】组合键，将文字打散，如图 1-40 所示。

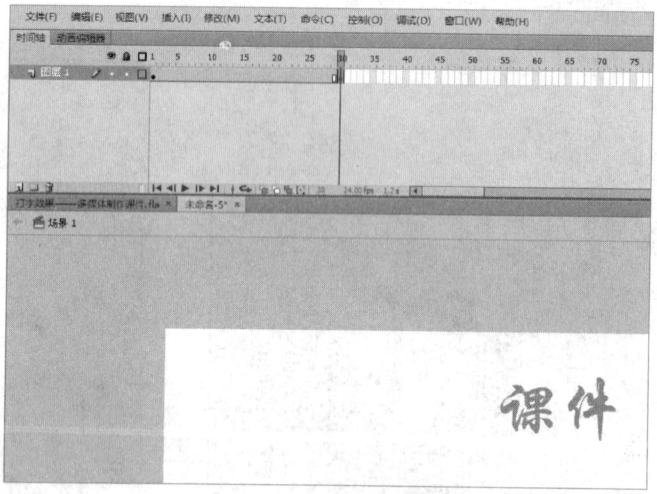

图 1-40　改变文字内容

5）选中第 1 帧并右击，在弹出的快捷菜单中选择“创建补间形状”选项，结果如图 1-41 所示。

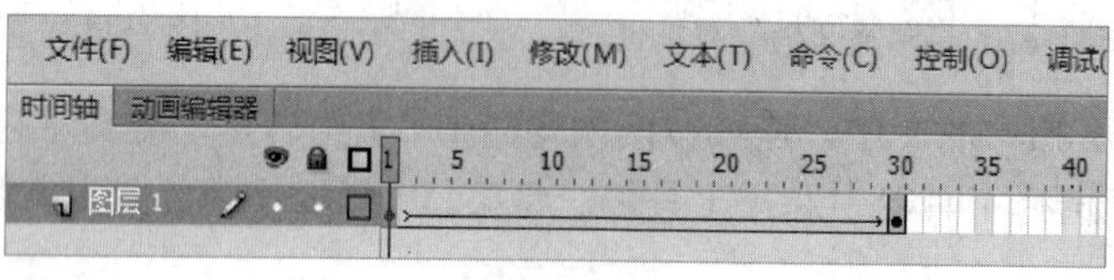

图 1-41　创建补间形状动画

6）选择“控制”|“测试场景”选项，观看效果。

7）选择“文件”|“导出”|“导出影片”选项，在弹出的“导出影片”对话框中将文件命名为“补间形状动画.swf”，单击“保存”按钮即可。

通过上面的实例，大家可以练习颜色的渐变和位置的渐变。

实例 3：创建遮罩动画

遮罩动画由遮罩层和被遮罩层组成，上面的是遮罩层，下面的是被遮罩层。一个遮罩层只能包含一个遮罩项目，遮罩层不能在按钮内部，也不能将一个遮罩层应用于另外一个遮罩层。

1）选择“文件”|“新建”选项，在弹出的“新建文档”对话框中设置舞台宽 600 像素、高 300 像素，“背景颜色”为默认的白色，如图 1-42 所示，单击“确定”按钮，新建一个 Flash 文件。

2）选择“图层 1”中的“第 1 帧”，输入“风景”两个字，设置“系列”为华文行楷、“大小”为 200、“颜色”为绿色，如图 1-43 所示。

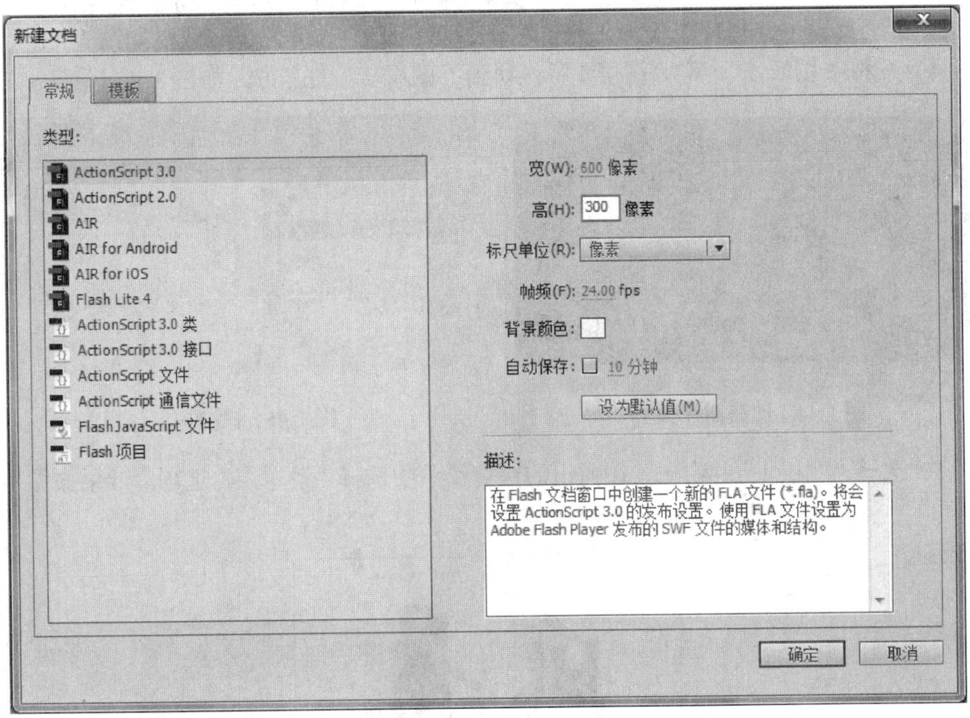

图 1-42　新建 Flash 文档

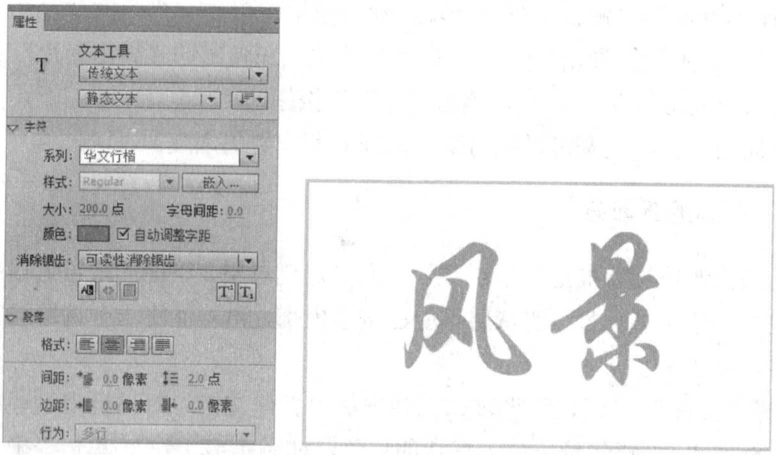

图 1-43　输入文字

3）单击“新建图层”按钮新建“图层 2”，选择“文件”|“导入”|“导入到舞台”选项，在弹出的“导入”对话框中选择“第 1 章\图片素材\风景图片.jpg”，单击“打开”按钮。在工具箱中选择任意变形工具，将图片调整成与舞台大小一致，如图 1-44 所示。

4）选择“图层 1”，将“图层 1”移动到“图层 2”的上方，如图 1-45 所示。

图 1-44　改变图片大小

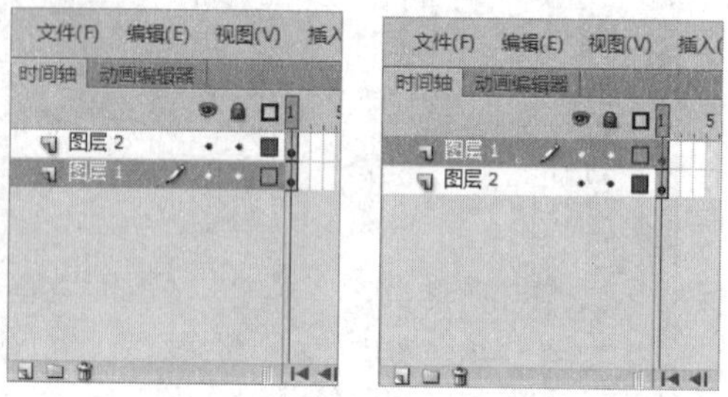

图 1-45　改变图层位置

5）选择“图层 1”并右击，在弹出的快捷菜单中选择“遮罩层”选项，效果如图 1-46 所示。

图 1-46　设置“图层 1”为遮罩层

6）选择“控制”|“测试场景”选项，观看效果。

7）选择“文件”|“导出”|“导出影片”选项，在弹出的“导出影片”对话框中将文件命名为“遮罩动画.swf”，然后单击“保存”按钮即可。

本章小结

本章主要学习了多媒体课件的相关知识，通过本章的学习，学生能够了解多媒体课件的相关概念、设计流程、制作工具等；了解多媒体课件制作过程中最为重要的是教师的教学设计，以及相关多媒体素材的获取方式方法和对素材的编辑。

第 2 章

PowerPoint 2010 基础

学习目标

1）了解 PowerPoint 2010 的工作界面。

2）掌握演示文稿的基本操作方法。

3）了解 PowerPoint 2010 的常用视图。

2.1　PowerPoint 2010 简介

PowerPoint 2010 是微软公司推出的新一代办公软件 Microsoft Office 2010 中的一个重要组件，它用于创建、制作和播放多媒体演示文稿。

PowerPoint 2010 版本采用新界面主题，标志也改为了全橙色，如图 2-1 和图 2-2 所示。与 2003 版和 2007 版相比，2010 版界面更加简洁明快，功能和实用性也更加完善，整体设计显得非常人性化。下面是 PowerPoint 2010 版本部分细节的介绍。

图 2-1　Office 2010 logo　　图 2-2　PowerPoint 2010 logo

1）自由选择。用户可以根据自己的需求选择使用最近打开的模板、主题、最近所用文件或空白演示文稿等来启动 PowerPoint 2010，如图 2-3 所示。

图 2-3　启动演示文稿的方法

2）丰富多样的主题。用户可以根据自己的需求选择演示文稿的主题，也可以根据自己的审美观对主题颜色和字体等进行自定义设置，如图 2-4 所示。

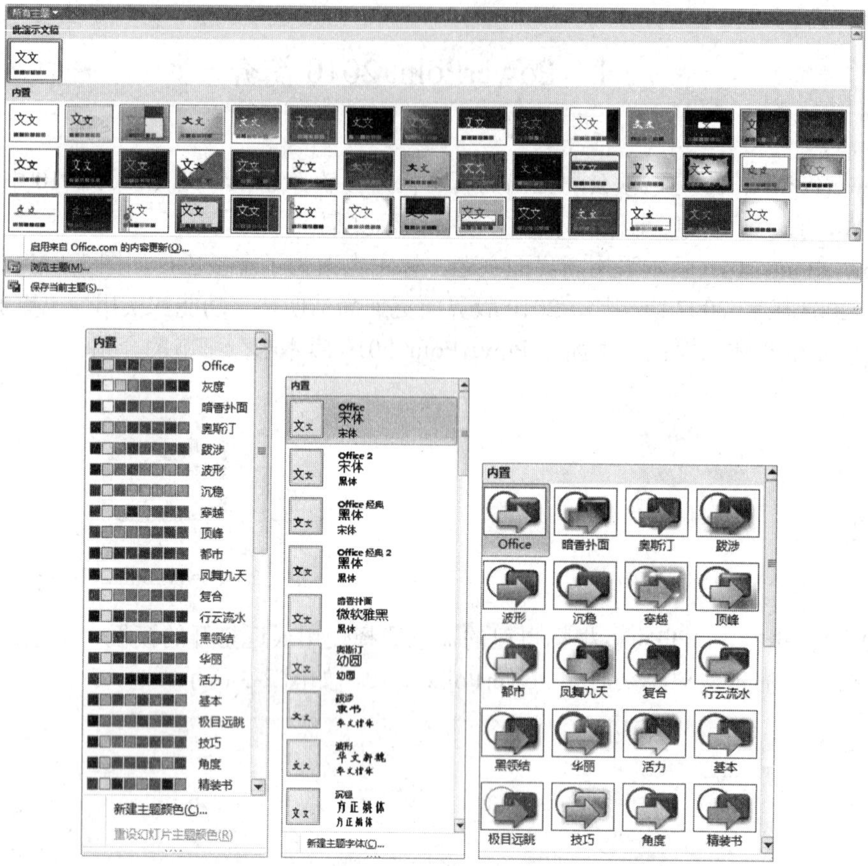

图 2-4　选择主题及设置颜色、字体和效果

3）绚丽的 3D 切换效果。PowerPoint 2010 增加了绚丽的 3D 幻灯片切换效果，如图 2-5 所示。

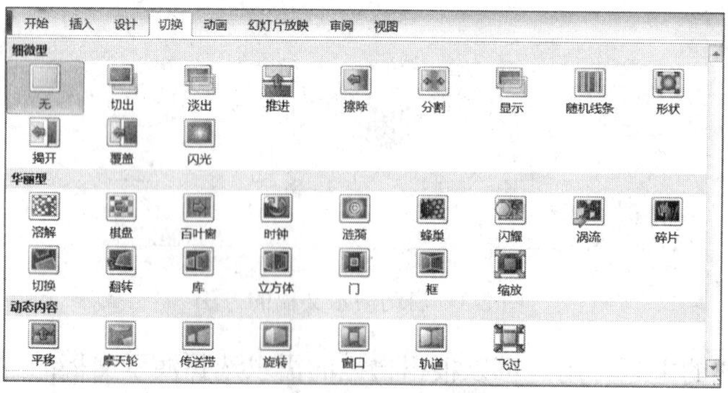

图 2-5　幻灯片切换效果

4）动画刷功能。在 PowerPoint 2010 中，动画也可以被复制，动画刷用法简单、操作高效，同格式刷的操作一样。其具体步骤如下：为对象添加动画，选择对象并单击“动画刷”按钮，单击新对象即可。“动画刷”按钮如图 2-6 所示。

图 2-6　“动画刷”按钮

5）批注。在与多人协作时可随时添加批注，便于提出问题和反馈。批注内容在播放演示文稿时不显示。“批注”选项组如图 2-7 所示。

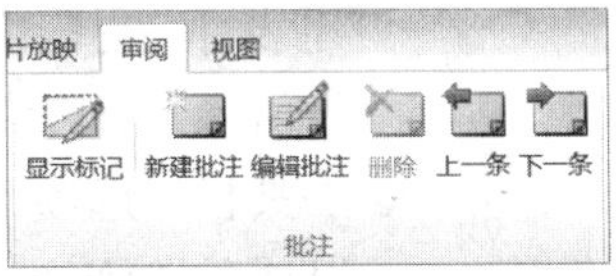

图 2-7　“批注”选项组

2.2　PowerPoint 2010 工作界面及基本操作

PowerPoint 2010 工作界面由标题栏、“文件”选项卡、功能区、“幻灯片/大纲”窗格、编辑区和状态栏等组成，如图 2-8 所示。只有熟悉了工作界面，操作起来才会得心应手。

图 2-8　PowerPoint 2010 工作界面

1. 标题栏

标题栏位于工作界面的顶端，由快速访问工具栏、演示文稿名称与程序名称、窗口控制按钮 3 部分组成。

（1）快速访问工具栏

快速访问工具栏位于标题栏的左侧，默认包括“保存”“撤销”“恢复”3 个命令按钮。在“自定义快速访问工具栏”下拉菜单中选择所需的选项，可以在快速访问工具栏中添加或删除相应的命令按钮，如图 2-9 所示。

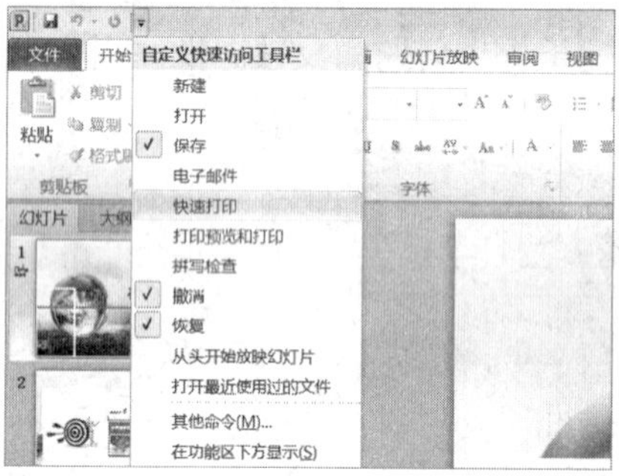

图 2-9 “自定义快速访问工具栏”下拉菜单

快速访问工具栏中的按钮可以自定义添加或删除，在“自定义快速访问工具栏”下拉列表中选择“其他命令”选项，在弹出的“PowerPoint 选项”对话框中选择“快速访问工具栏”选项卡，在“常用命令”列表框中可以通过“添加”或“删除”按钮自定义设置，如图 2-10 所示。例如，添加“格式刷”命令和“快速打印”命令，如图 2-11 所示。单击“确定”按钮关闭对话框，快速访问工具栏中的命令按钮随即被重新设置，如图 2-12 所示。

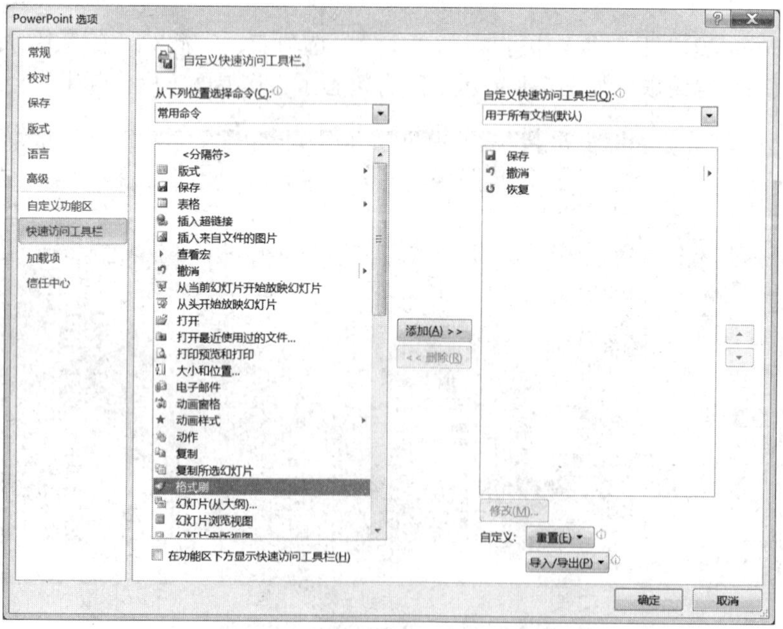

图 2-10 “PowerPoint 选项”对话框

图 2-11　添加命令

图 2-12　设置后的快速访问工具栏

（2）PowerPoint 帮助功能

单击 PowerPoint 帮助按钮可以打开 PowerPoint 帮助功能，帮助用户解决制作演示文稿过程中遇到的一些难题，如使用 PowerPoint 帮助功能搜索“使用动画刷”，具体方法如下。

在标题栏中单击“Microsoft PowerPoint 帮助”按钮，打开“PowerPoint 帮助”窗口，在“搜索联机帮助”文本框中输入需要搜索的内容，如“使用动画刷”，然后单击“搜索”按钮，窗口中显示出搜索到的所有帮助信息，单击相应的标题，可以进一步查看详细信息，如图 2-13 所示。

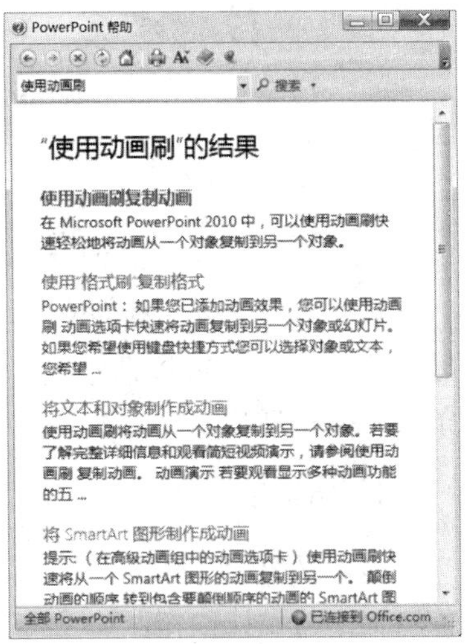

图 2-13　“PowerPoint 帮助”窗口

2. “文件”选项卡

“文件”选项卡位于操作界面的左上角，选择“文件”选项卡，可以对文件进行保存、另存、打开、关闭、信息、新建、打印、共享及帮助等操作，如图 2-14 所示。

图 2-14 “文件”选项卡

3. 功能区

功能区位于标题栏的下方，由选项卡组成，选项卡包括“开始”、“插入”、“设计”、“切换”、“动画”和“幻灯片放映”等。每一个选项卡中包含多个选项组，一般情况下相同类别的命令集合在同一个选项组中，如图 2-15 所示。

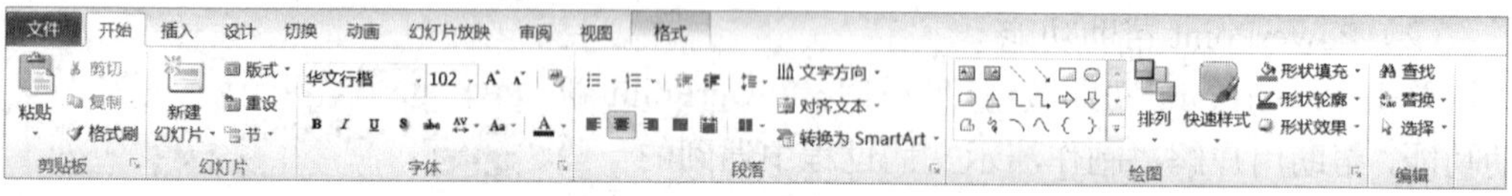

图 2-15 功能区

4. “幻灯片/大纲”窗格

“幻灯片/大纲”窗格位于操作界面的左侧，其中“幻灯片”选项卡以缩略图的形式显示演示文稿中的全部幻灯片，可用于显示幻灯片信息和切换幻灯片，拖动右侧的滚动条可切换幻灯片。

5. 编辑区

编辑区位于工作界面中部，是演示文稿的制作与设计区域。用户可以在编辑区进行各项制作与设计操作，如输入文本、插入图片、绘制表格、设计动画等。对于编辑区的显示比例，用户可以根据需要自由调节，操作方法为按住【Ctrl】键滚动鼠标滚轮，按住【Ctrl】键向上滚动即放大显示，按住【Ctrl】键向下滚动即缩小显示。

6. 状态栏

状态栏位于操作界面的底部，由幻灯片编号、语言、页面视图类型和视图缩放栏等组成。

2.3　演示文稿的基本操作

2.3.1　创建演示文稿

在 PowerPoint 2010 中创建演示文稿的方法有很多，用户可以根据自己的需求选择合适的创建方式。

1. 创建空白演示文稿

1）双击桌面上的 PowerPoint 2010 图标或通过“开始”菜单中的相应选项启动软件。

2）在打开的窗口中选择“空白演示文稿”选项，如图 2-16 所示。

图 2-16　选择“空白演示文稿”选项

3）单击“创建”按钮，即可创建一个空白的演示文稿并打开，如图 2-17 所示。

（1）自定义幻灯片大小

PowerPoint 2010 幻灯片大小默认为宽屏（16∶9），用户可以根据实际需求调整幻灯片的大小。

单击“设计”选项卡“页面设置”选项组中的“页面设置”按钮，在弹出的“页面设置”对话框中单击“幻灯片大小”下拉按钮，在弹出的下拉列表中选择“全屏显示（4∶3）”选项，如图 2-18 所示，单击“确定”按钮即可。

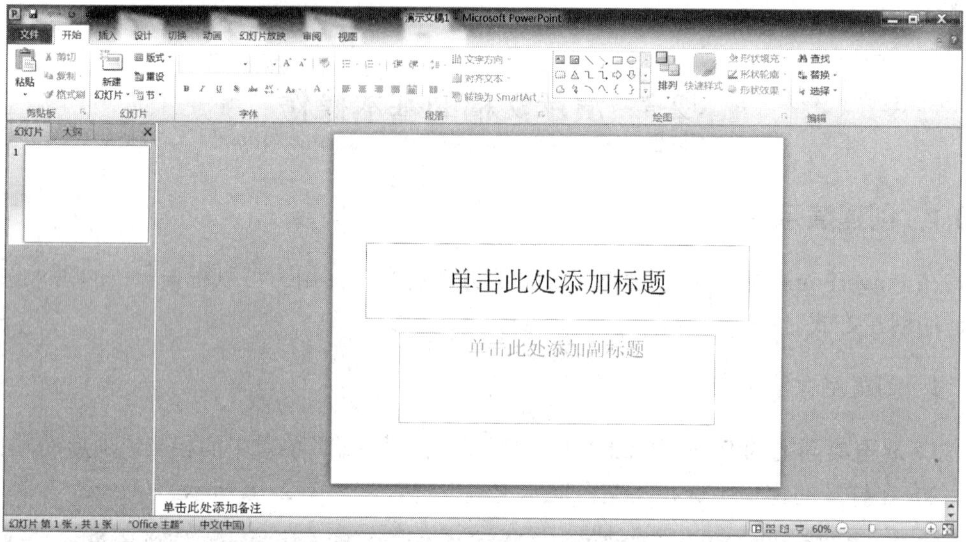

图 2-17　创建一个空白演示文稿

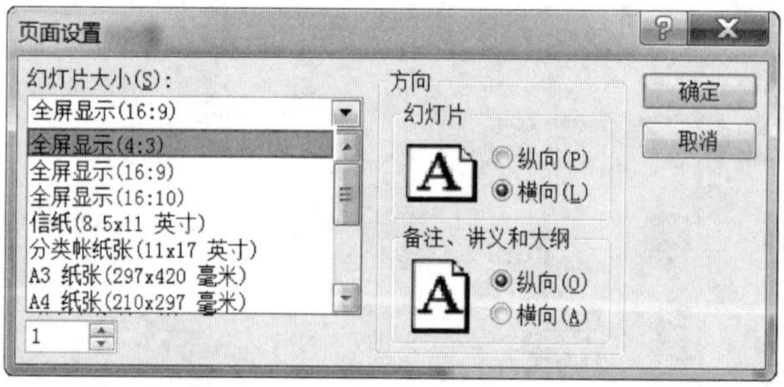

图 2-18　“页面设置”对话框

（2）自定义幻灯片背景

1）在幻灯片空白处右击，在弹出的快捷菜单中选择“设置背景格式”选项，如图 2-19 所示。

2）在弹出的“设置背景格式”对话框中选中“图片或纹理填充”单选按钮，并单击“文件”按钮，如图 2-20 所示。

3）在弹出的“插入图片”对话框中选择将要设置为背景的图片，单击“插入”按钮，如图 2-21 所示。设置完成后的效果如图 2-22 所示。

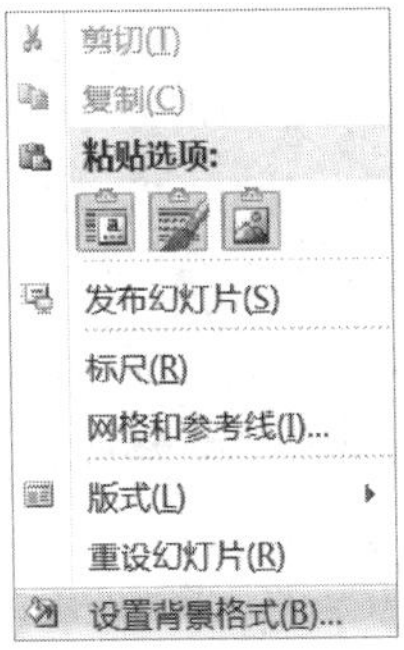

图 2-19 “设置背景格式”选项

图 2-20 “设置背景格式”对话框

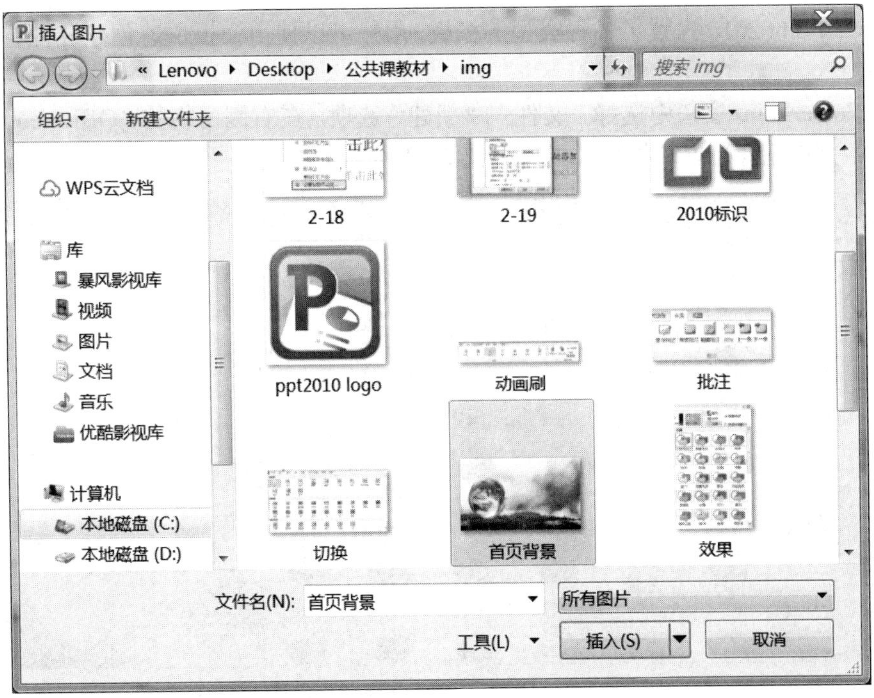

图 2-21 “插入图片”对话框

图 2-22 设置完成后的效果

2. 根据现有模板创建演示文稿

PowerPoint 2010 内置了各种类型的模板，用户可以使用模板快速创建各种专业的演示文稿。

在 PowerPoint 窗口中选择“文件”|“新建”选项，在右侧窗格的“Office.com 模板”选项组中可以选择需要的模板类型，如图 2-23 所示。

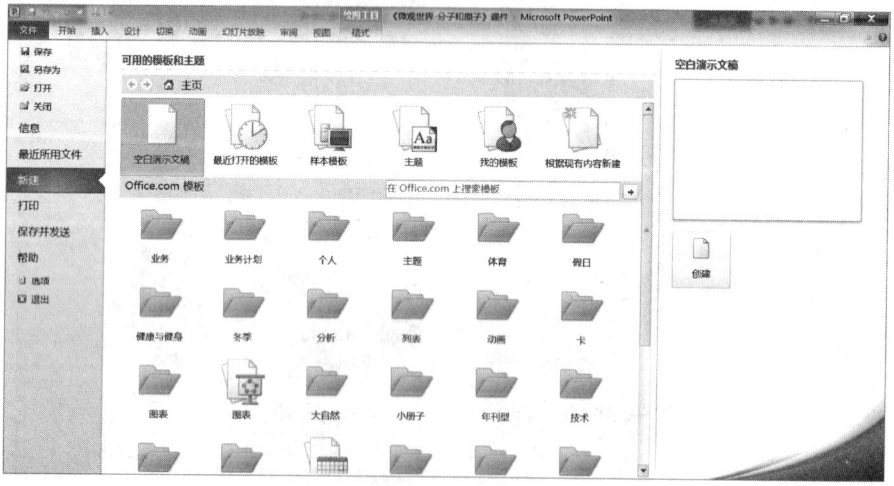

图 2-23 根据现有模板创建演示文稿

用户也可以使用搜索功能快速找到所需的模板类型，如输入“工作总结”，单击“开始搜索”按钮，会搜索出与“工作总结”相关的模板，如图 2-24 所示。单击“下载”按钮，则会弹出“正在下载模板”对话框，表示系统正在自动下载所选的模板，如图 2-25 所示。下载完成后，PowerPoint 会打开新窗口，并基于所选的模板创建演示文稿，如图 2-26 所示。

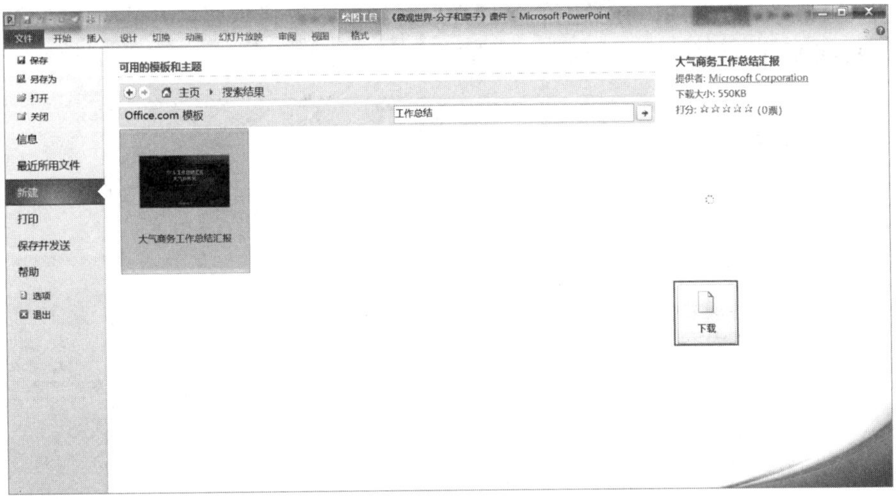

图 2-24　搜索所需模板

图 2-25　“正在下载模板”对话框

图 2-26　下载完成后的效果

2.3.2 打开演示文稿

打开演示文稿的方法有很多，包括直接双击文件打开；或通过 PowerPoint 工作界面的“文件”|“打开”选项，在弹出的“打开”对话框中选择需要打开的文件，然后单击“打开”按钮即可，如图 2-27 所示。

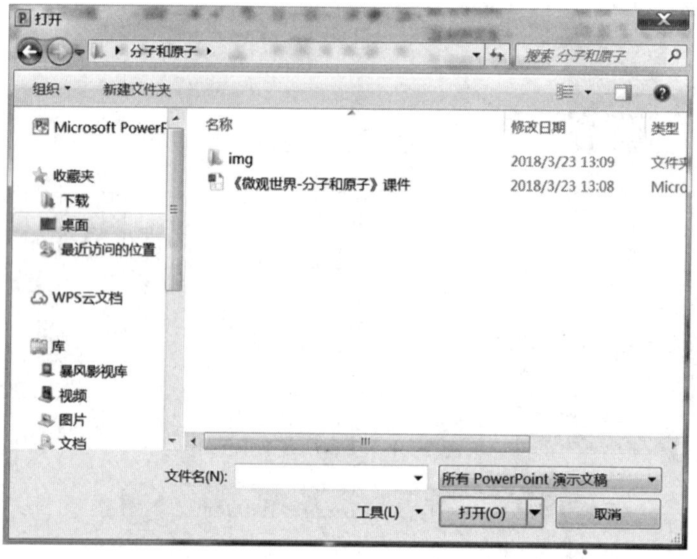

图 2-27　“打开”对话框

通过 PowerPoint 工作界面的“文件”|“最近所用文件”选项打开，如图 2-28 所示；也可以使用【Ctrl+O】组合键打开。

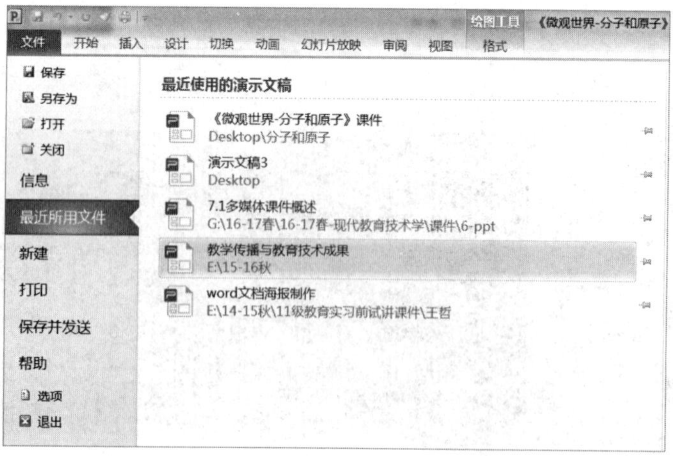

图 2-28　选择“最近所用文件”选项

2.3.3　保存演示文稿

在对演示文稿进行保存时，用户可以根据实际需要选择文件保存的类型，也可以将演示文稿另存到计算机中的其他位置，保存演示文稿的快捷键是【Ctrl+S】。

1. 保存新建演示文稿

对于初次保存的演示文稿，单击快速访问工具栏中的“保存”按钮，如图 2-29 所示，在弹出的“另存为”对话框中选择要存储的位置并设置文件名，然后单击“保存”按钮即可，如图 2-30 所示。

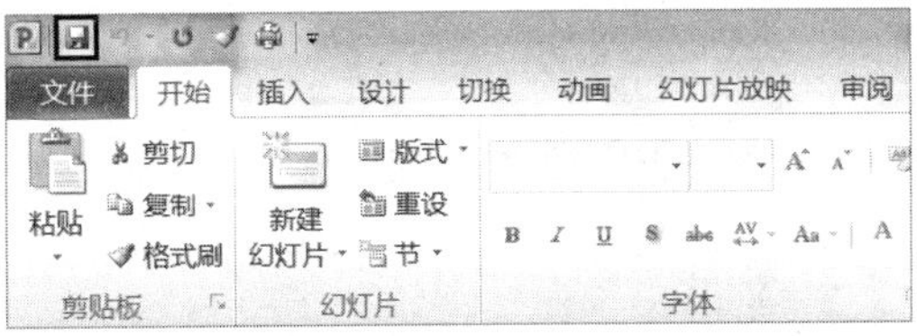

图 2-29　单击“保存”按钮

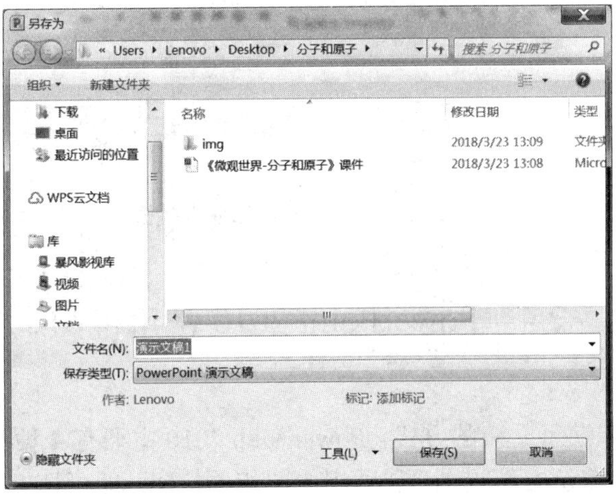

图 2-30　“另存为”对话框

2. 另存演示文稿

对已有的演示文稿，对其编辑之后也应进行保存。已有演示文稿与新建演示文稿的保存方法相同，只是对已有演示文稿进行保存时，仅将对演示文稿的更改保存到原演示文稿中，不会弹出“另存为”对话框，但会在状态栏中显示“PowerPoint 正在保存……”的提示，保存完成后提示自动消失。用户可使用“另存为”选项，变更名称或位置保存演示文稿。

3. 将演示文稿保存为模板

为方便以后制作同类型的演示文稿，可以将演示文稿保存为模板。在“另存为”对话框中单击“保存类型”下拉按钮，在弹出的下拉列表中选择“PowerPoint 模板”选项，如图 2-31 所示，选择好文件的保存位置，单击“保存”按钮，即可将演示文稿保存为模板。

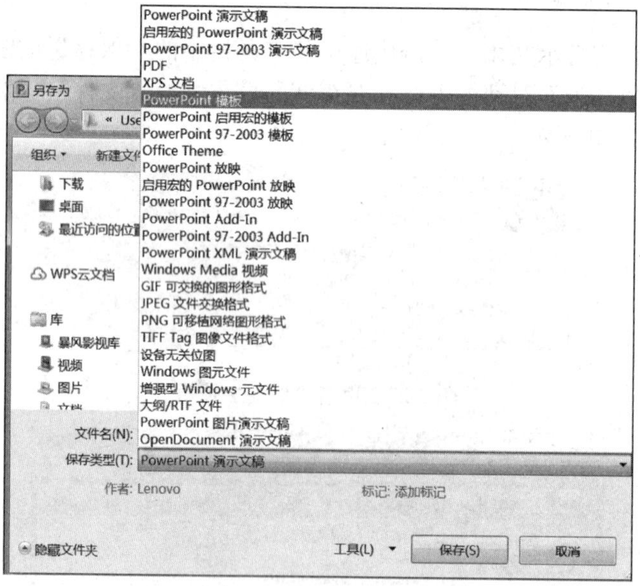

图 2-31　将演示文稿保存为模板

2.4　PowerPoint 2010 常用视图

视图模式是显示演示文稿的方式，PowerPoint 2010 主要有 4 种视图模式。选择“视图”选项卡，单击“演示文稿视图”选项组中的相关按钮，即可切换到对应的视图模式，如图 2-32 所示。状态栏中的视图按钮如图 2-33 所示。

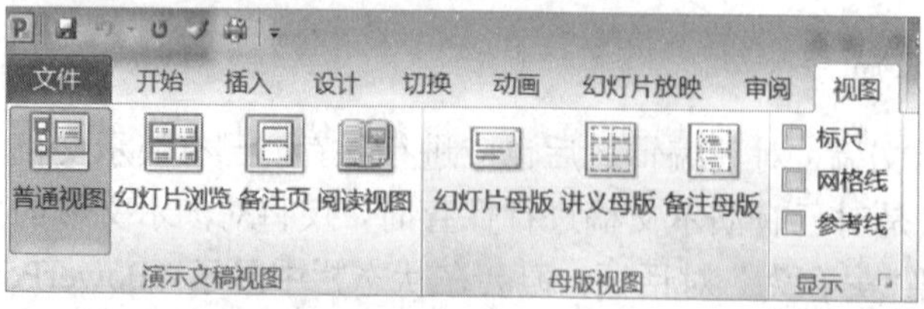

图 2-32　“视图”选项卡

图 2-33 状态栏中的视图按钮

本章小结

通过本章的学习，学生可了解 PowerPoint 2010 软件的基本情况及新功能；了解 PowerPoint 2010 的工作界面由标题栏、“文件”选项卡、功能区、“幻灯片/大纲”窗格、编辑区和状态栏等几部分组成；掌握演示文稿的创建、打开和保存等基本操作方法；了解 PowerPoint 2010 的 4 种常用视图，即普通视图、幻灯片浏览视图、备注页视图和阅读视图。

第 3 章

PPT 课件制作——文字课件

学习目标

1）掌握插入与编辑文字的操作方法。
2）掌握插入与编辑艺术字的操作方法。
3）掌握设置文本段落格式的操作方法。

文字是 PPT 课件基本、重要的元素之一，是一套 PPT 课件精美度的评判标准之一。设置好文字格式是制作优秀 PPT 课件的关键。另外艺术字的应用也可以为 PPT 课件增添色彩。

3.1　制作课件封面

3.1.1　输入文字

1. 使用占位符输入

创建演示文稿后，第一张幻灯片默认为标题幻灯片，可看作课件封面，包含“单击此处添加标题”“单击此处添加副标题”内容虚线框，这些虚线框称为占位符，框内已经预设了文字的属性和样式，用户直接在占位符中输入文本即可。

1）新建空白演示文稿，并设置背景，如图 3-1 所示。

图 3-1　新建空白演示文稿

2）在“单击此处添加标题”占位符中单击，并输入“微观世界”，在“单击此处添加副标题”占位符中输入“第三单元 课题 1 分子和原子”，如图 3-2 所示。

图 3-2　使用占位符输入文本

2. 使用文本框输入

1）单击“插入”选项卡“文本”选项组中的“文本框”下拉按钮，在弹出的下拉列表中选择“横排文本框”选项，如图 3-3 所示。

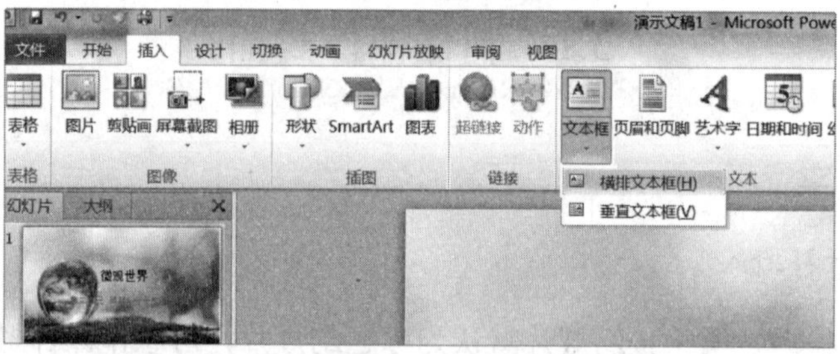

图 3-3 选择“横排文本框”选项

2）将鼠标指针移动到编辑区，按住鼠标左键并拖动鼠标绘制文本框，绘制到所需大小时释放鼠标左键即可，如图 3-4 所示。

图 3-4 使用文本框输入文本

3）在文本框中输入文本“义务教育课程标准实验教科书人教版 化学 九年级（上）”，文本框会随着所输入的文本自动调整大小，如图 3-5 所示。

图 3-5 在插入的横排文本框中输入文字

3.1.2　设置文字格式

在 PPT 课件中，可以通过设置文字的字体、大小、颜色、效果等格式使演示文稿焕然一新。

1. 设置字体字号

为了区分不同类型的文本，用户可以设置不同的字体、字号，丰富多样的文本字体、字号可以使演示文稿摆脱千篇一律的通俗感。

1）选中文本所在的文本框，单击“开始”选项卡“字体”选项组中的“字体”下拉按钮，如图 3-6 所示。

2）在弹出的下拉列表中选择“华文行楷”选项，如图 3-7 所示。

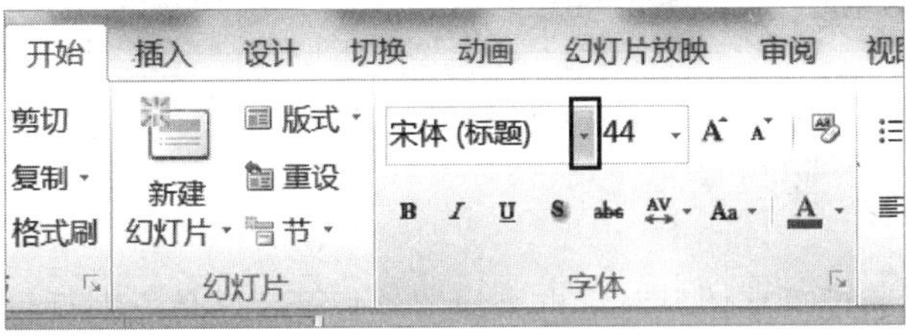

图 3-6　单击“字体”下拉按钮

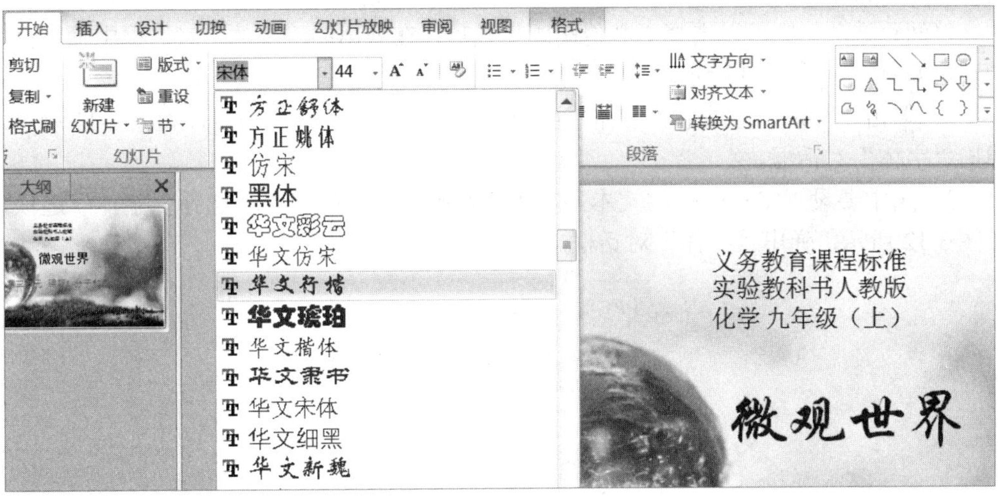

图 3-7　设置文本字体为“华文行楷”

3）保持文本框为选中状态，单击“字号”下拉按钮，在弹出的下拉列表中选择“96”选项，如图 3-8 所示，文本大小随即发生变化。“字号”下拉列表中的文本字号最大为 96，若想要设置的字号大小超出“字号”下拉列表中的选项，则可以手动输入字号的大小。

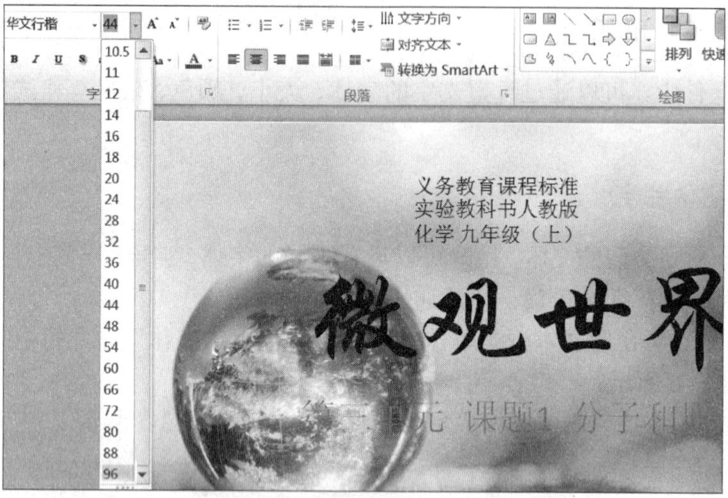

图 3-8　设置文本字号

2. 设置字符间距

字符间距可以通过“字体”对话框来设置，打开“字体”对话框的方法有 3 种。

1）单击“开始”选项卡“字体”选项组中的“字符间距”下拉按钮，弹出的下拉列表中有“很紧”“紧密”“常规”“稀疏”“很松”等选项，如图 3-9 所示。若没有合适的字符间距选项，则可以选择“其他间距”选项，在弹出的“字体”对话框中输入具体的数值即可，如图 3-10 所示。

2）单击“开始”选项卡“字体”选项组右下角的对话框启动器，如图 3-11 所示，弹出“字体”对话框。

3）选中要设置字符间距的文本并右击，在弹出的快捷菜单中选择“字体”选项，如图 3-12 所示，弹出“字体”对话框。

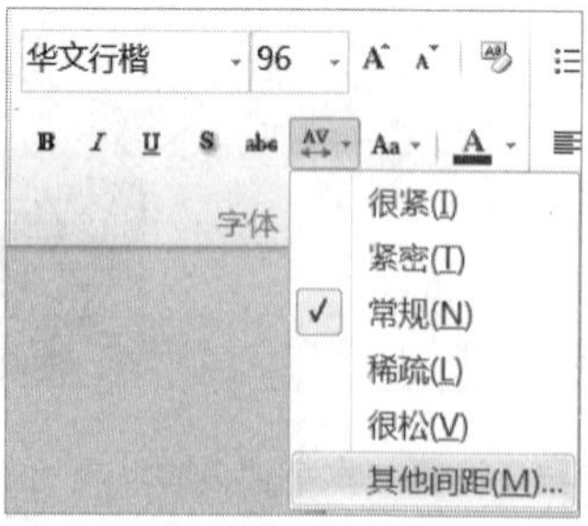

图 3-9　“字符间距”下拉列表

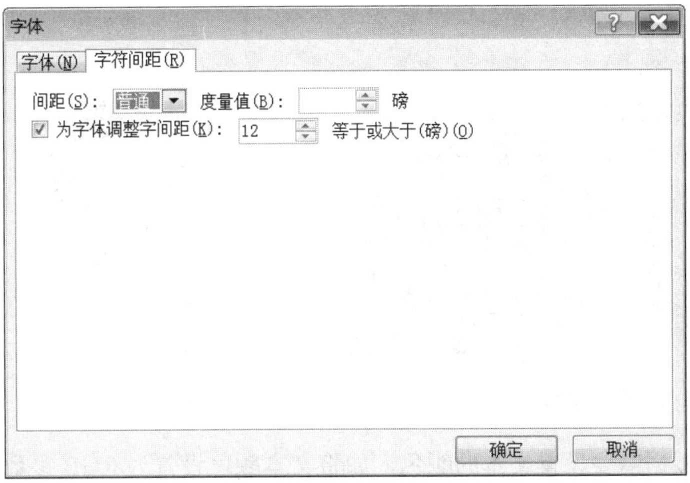

图 3-10　“字体”对话框

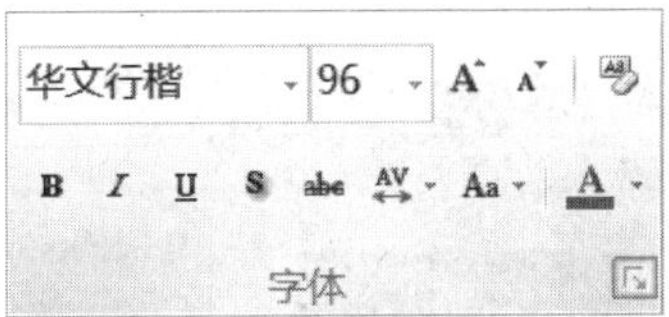

图 3-11　单击对话框启动器

图 3-12　选择“字体”选项

3. 设置文字颜色

选中需要设置的文本，单击“开始”选项卡“字体”选项组中的“字体颜色”下拉按钮，在弹出的下拉列表中选择合适的颜色即可，如图 3-13 所示。

若下拉列表中没有合适的颜色，则可以选择“其他颜色”选项，弹出的“颜色”对话框包括“标准”和“自定义”两个选项卡，如图 3-14 所示。

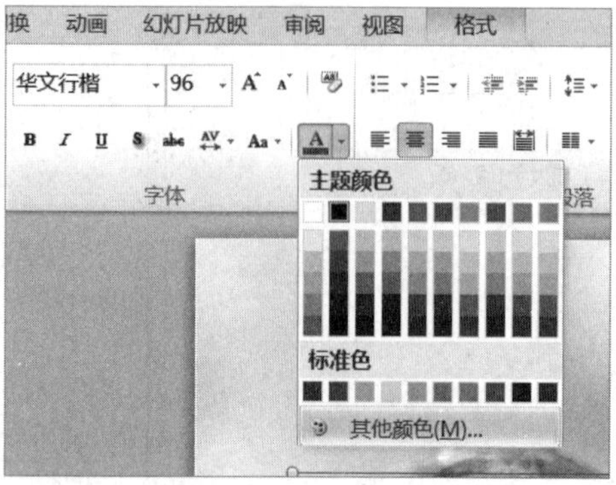

图 3-13　“字体颜色”下拉列表

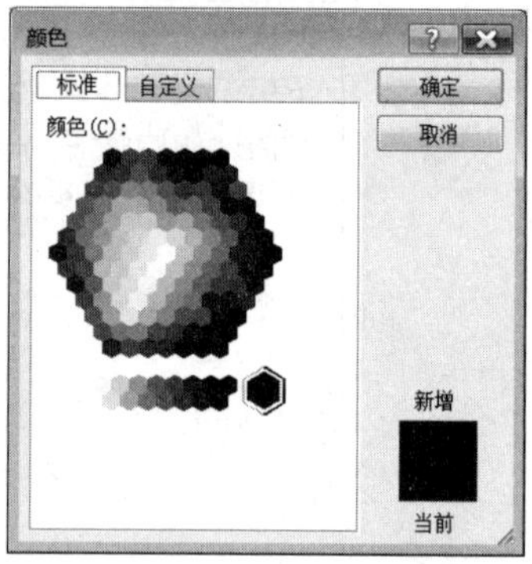

图 3-14　“颜色”对话框

用户可以根据需要设置文本的颜色，如将文本颜色设置为 RGB 参数值分别为 33、61、23 的颜色，如图 3-15 所示，单击“确定”按钮，设置前与设置后的效果对比如图 3-16 所示。

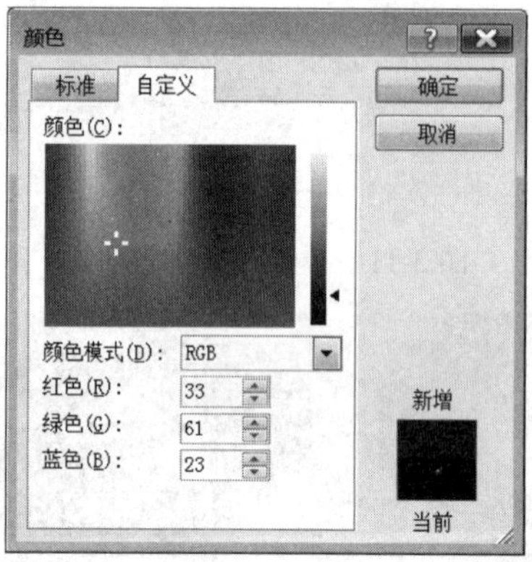

图 3-15　自定义颜色

(a) 设置文本颜色前

(b) 设置文本颜色后

图 3-16　设置前与设置后的效果对比

4. 设置文字特殊效果

除了设置文本字体、字号、颜色之外，还可以在“字体”选项组中单击相应的按钮为文本设置加粗、倾斜、下划线、阴影等特色效果。

【实例操作】

1）将文本“第三单元 课题 1 分子和原子”设置为楷体、32 号、加粗、黑色。

2）将文本“义务教育课程标准实验教科书人教版 化学 九年级（上）”设置为楷体、20 号、加粗、黑色。

3.2　制作课件导航页

艺术字广泛应用于 PPT 课件的标题、菜单和需要重点讲解的部分，用户可以直接插入艺术字或为已有文本设置艺术字效果，适当地使用艺术字，将会为 PPT 课件带来锦上添花的效果。下面以案例素材中导航页的设置为例介绍艺术字的应用方法。

3.2.1　插入艺术字

1. 使用艺术字文本框插入艺术字

1）单击“插入”选项卡“文本”选项组中的“艺术字”下拉按钮，在弹出的下拉列表中选择合适的艺术字样式，如图 3-17 所示，即可在幻灯片中插入一个艺术字文本框，如图 3-18 所示。

图 3-17　单击“艺术字”下拉按钮

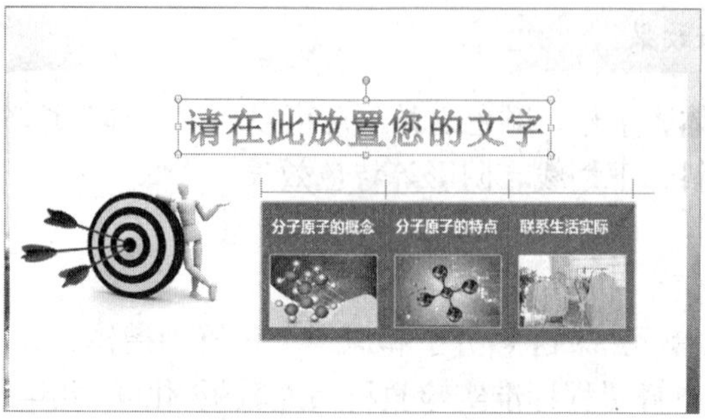

图 3-18　插入艺术字文本框

2）保持艺术字文本框中文本的选中状态，输入需要的文字即可，如图 3-19 所示。

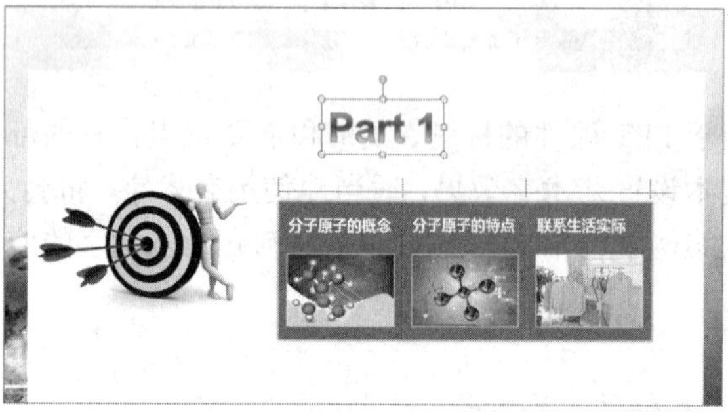

图 3-19　输入文本

3）按照上述方法，依次插入艺术字“Part 2”和“Part 3”，并调整其位置和大小，如图 3-20 所示。

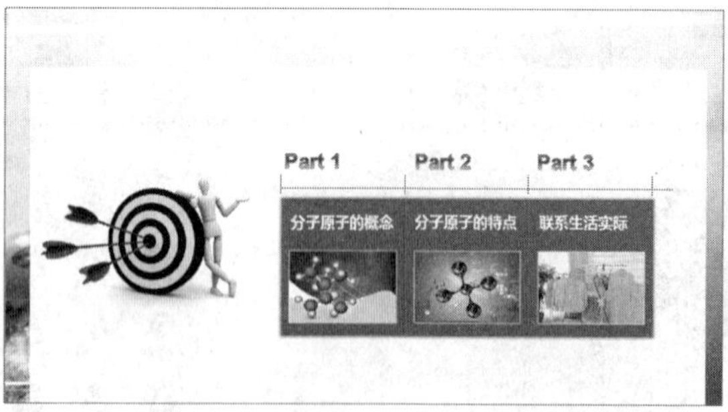

图 3-20　插入艺术字后的效果

2. 为已有文本设置艺术字效果

除了直接插入艺术字之外，用户还可以先创建文本再设置艺术字效果。

1）在幻灯片中绘制一个横排文本框，然后输入文本“主要内容”，如图 3-21 所示。

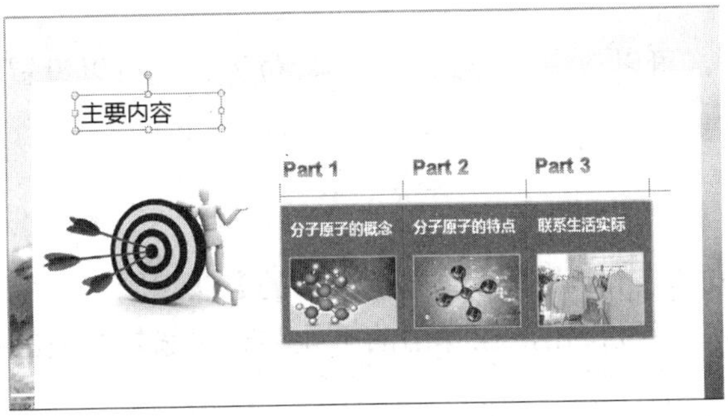

图 3-21　插入“主要内容”横排文本框

2）选中文本框，单击“绘图工具-格式”选项卡“艺术字样式”选项组中的“其他”按钮，如图 3-22 所示。

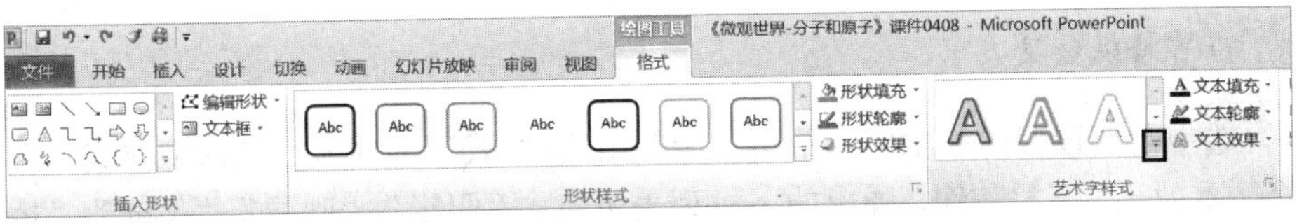

图 3-22　单击“其他”按钮

3）在弹出的下拉列表中选择合适的艺术字样式，则文本框中的文本被应用了该艺术字样式，如图 3-23 所示。

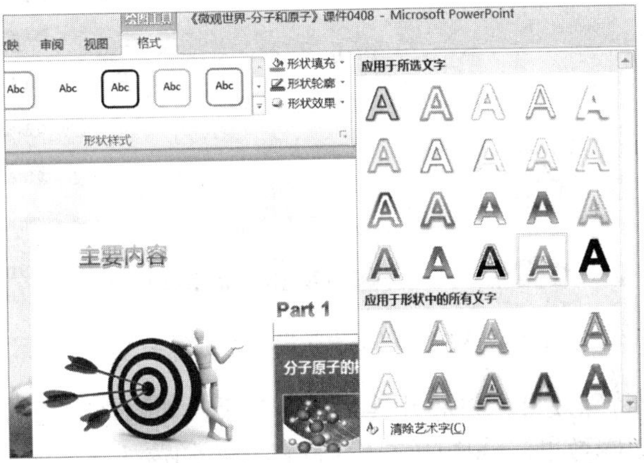

图 3-23　为已有文本设置艺术字效果

提示：在同一张幻灯片中不宜添加太多艺术字，艺术字数量或样式过多，反而会影响演示文稿的整体风格。

3.2.2 编辑艺术字

插入艺术字之后，可以改变其样式、大小、位置，也可以设置阴影、映像、发光、三维旋转等特殊效果。

1. 设置大小

设置艺术字大小的方法与设置普通文本大小的方法相同，在“开始”选项卡“字体”选项组中单击“字号”下拉按钮，在弹出的下拉列表中选择合适的数值即可。

2. 设置样式

修改已插入艺术字的样式与对普通文本设置艺术字效果的方法相同，单击“绘图工具-格式”选项卡“艺术字样式”选项组中的“其他”按钮，在弹出的下拉列表中选择要替换的样式，即可完成修改。

3. 设置特殊效果

1）选中需要设置的艺术字，单击“绘图工具-格式”选项卡“艺术字样式”选项组中的“文本效果”下拉按钮，弹出的下拉列表中包含“阴影”、“映像”、“发光”、“棱台”、“三维旋转”和“转换”6 种特殊效果，如图 3-24 所示。

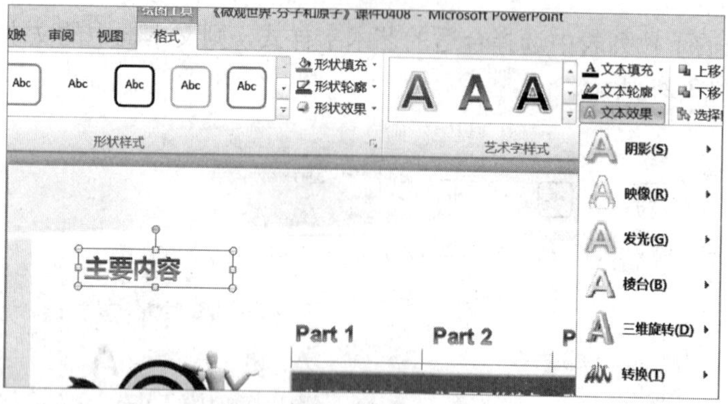

图 3-24 “文本效果”下拉列表

2）选择相应的特殊效果，将展开其具体的效果，如选择“阴影”选项，在其子列表中选择任何一种阴影效果，选中的艺术字随即会添加该效果，如图 3-25 所示。

3）选择“阴影选项”选项，可在弹出的“设置文本效果格式”对话框中进行具体的设置，如图 3-26 所示。

提示：也可以单击“艺术字样式”选项组右下角的对话框启动器，如图 3-27 所示，在弹出的“设置文本效果格式”对话框中对文本框、文本填充等属性进行具体的设置。

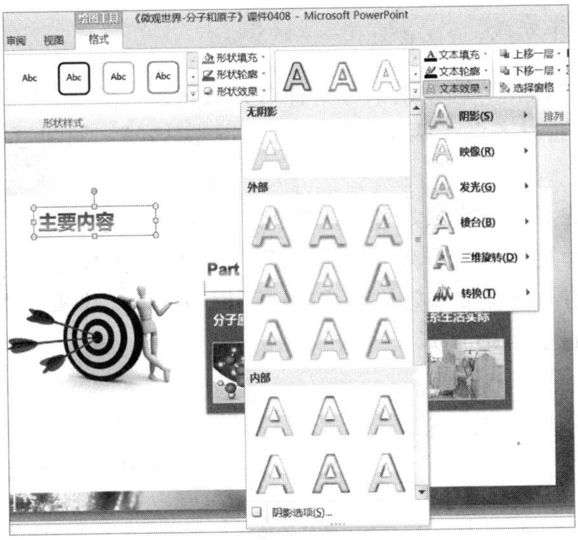

图 3-25　添加阴影效果

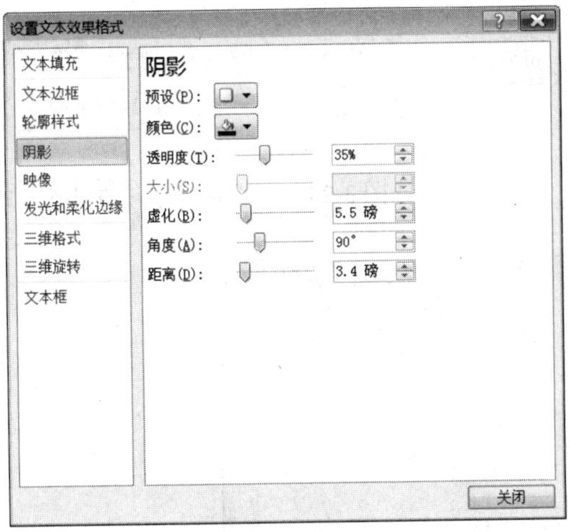

图 3-26　“设置文本效果格式”对话框

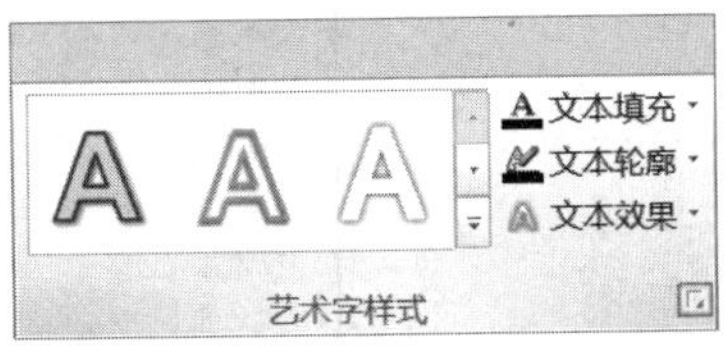

图 3-27　单击对话框启动器

3.3　制作课件内容

设置文本的段落格式，就是设置文本段落的对齐方式、行间距等，合适的文本段落格式可以使文本看上去更加整洁、美观。

1. 设置段落对齐方式

“开始”选项卡“段落”选项组中有 5 种对齐按钮，从左到右依次是“文本左对齐”、“居中对齐”、“文本右对齐”、“两端对齐”和“分散对齐”，如图 3-28 所示，将段落设置为“两端对齐”。

对齐按钮设置的对齐效果只是针对水平方向。单击“对齐文本”下拉按钮，在弹出的下拉列表中可选择文本垂直方向的对齐方式，如图 3-29 所示。也可以选择“其他选项”选项，在弹出的“设置文本效果格式”对话框中的“文本框”选项卡中进一步设置文本的对齐方式，如图 3-30 所示。

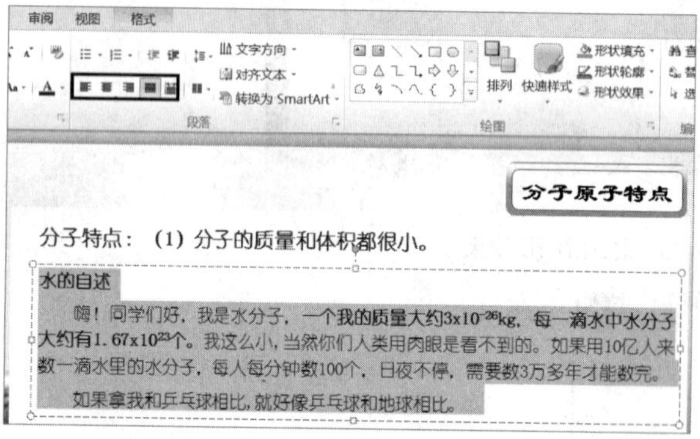

图 3-28 “段落”的 5 种对齐方式

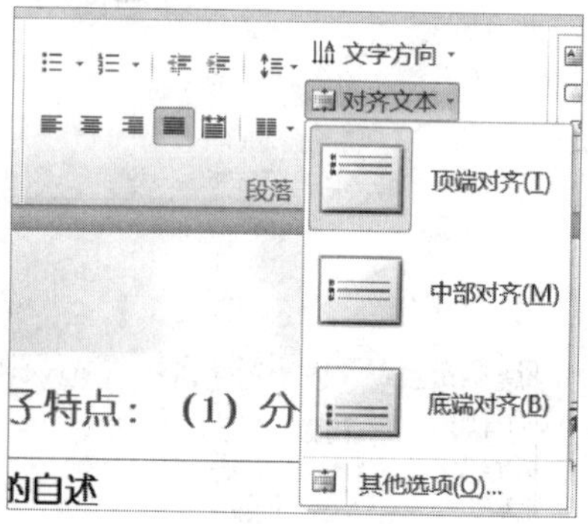

图 3-29 文本垂直方向的对齐方式

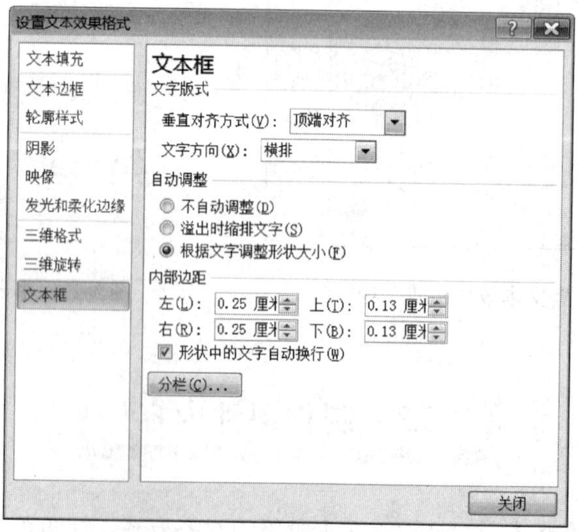

图 3-30 “文本框”选项卡

2. 设置段落行间距

如果觉得文本段落的行与行之间的距离不合适，紧密或宽松，可以对段落的行间距进行设置。

1）单击“开始”选项卡“段落”选项组右下角的对话框启动器，或者选中需要设置行间距的文本并右击，在弹出的快捷菜单中选择“段落”选项，可以弹出“段落”对话框。

2）单击“行距”下拉按钮，在弹出的下拉列表中选择“多倍行距”选项，并设置值为 1.3，如图 3-31 所示。

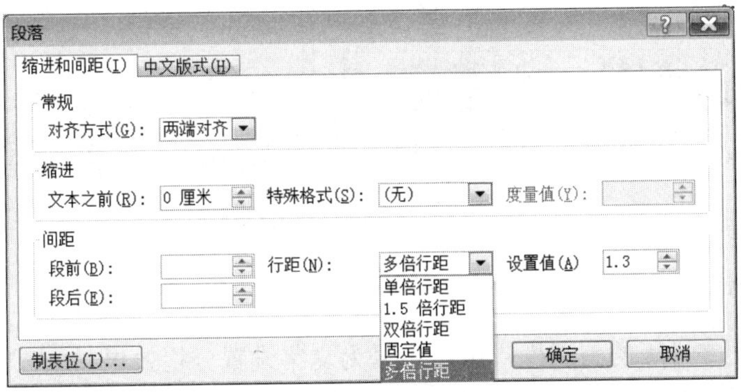

图 3-31　设置文本段落的行间距

3）单击“确定”按钮，则选中文本按照文本框中的设置自动调整行间距。

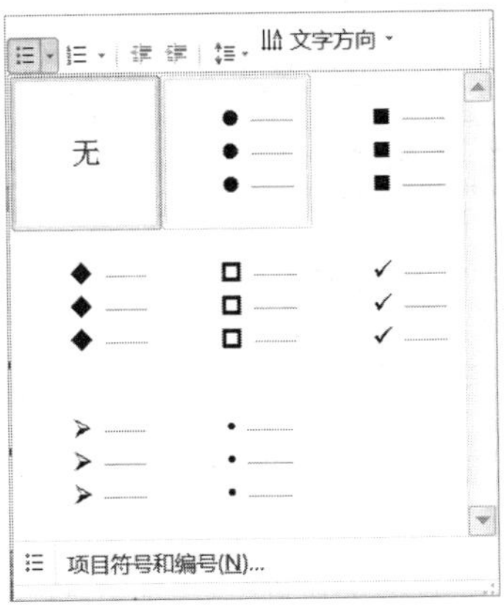

图 3-32　设置项目符号

3. 设置项目符号和编号

为了使文本内容逻辑关系清楚、层次分明、便于阅读，用户可以为文本设置项目符号或编号。

1）选中需要设置项目符号或编号的文本，单击“开始”选项卡“段落”选项组中的“项目符号”或“编号”下拉按钮，在弹出的下拉列表中选择合适的项目符号或编号，如图 3-32 所示，则每个文本段落的前面都添加了相应的项目符号或编号。

2）选择“项目符号”或“编号”下拉列表中的“项目符号和编号”选项，在弹出的“项目符号和编号”对话框中可以进一步设置其大小和颜色等属性；也可以单击“图片”按钮，在弹出的“图片项目符号”对话框中选择图片，若没有合适的图片项目符号，则可以继续单击“导入”按钮，从外部导入图片，如图 3-33 所示。

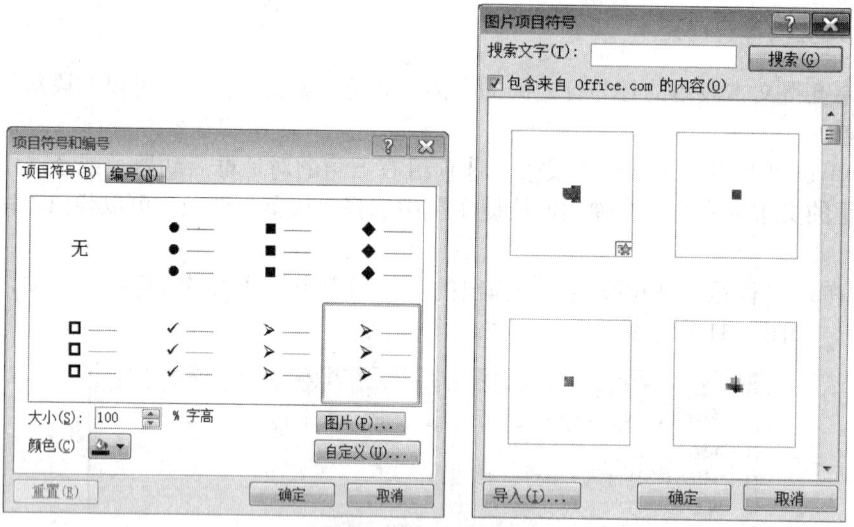

图 3-33 设置图片项目符号

4. 设置分栏

为了增强文字排版的美观性，用户可以为文字设置分栏效果。

1）选中需要设置分栏的文本，单击“开始”选项卡“段落”选项组中的“分栏”下拉按钮，在弹出的下拉列表中选择“两列”选项，如图 3-34 所示。

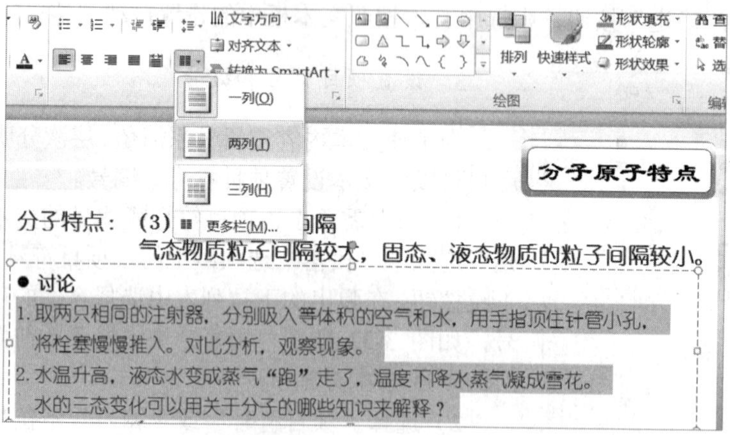

图 3-34 “分栏”下拉列表

2）选择“分栏”下拉列表中的“更多栏”选项，在弹出的“分栏”对话框中的“数字”微调框中输入 2，在“间距”微调框中输入 1 厘米，如图 3-35 所示。

3）单击“确定”按钮，文本效果如图 3-36 所示。

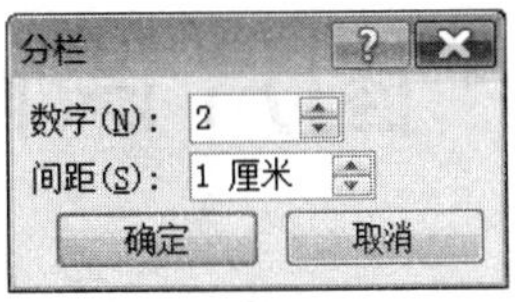

图 3-35　“分栏”对话框

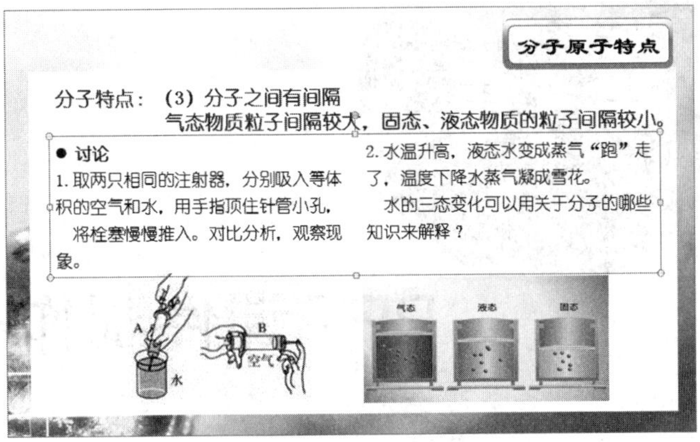

图 3-36　设置分栏效果

本 章 小 结

通过本章的学习，学生可了解输入文字的两种方式，即使用占位符输入和使用文本框输入，并学会设置字体的字号、颜色、字符间距和特殊效果等文本编辑方法；熟练掌握插入艺术字的方法，即使用艺术字文本框插入艺术字和为已有文本设置艺术字效果，并学会编辑艺术字，包括设置艺术字的大小、样式、特殊效果等；熟练掌握设置文本段落格式，包括段落对齐方式、段落行间距、项目符号和编号、分栏的操作方法。

第4章

PPT课件制作——图片课件

学习目标

1）掌握绘制与编辑图形的操作方法。

2）掌握插入与编辑图片的操作方法。

4.1 制作课件目录页

图形图像在 PPT 课件中是必不可少的元素，图文并茂的幻灯片形象生动，更容易引起观看者的兴趣。PowerPoint 2010 提供了丰富的图形图像处理功能，可以多途径地插入图片，还可以对图片进行裁剪，以及设置亮度/对比度和特殊效果。

4.1.1 绘制图形

PowerPoint 2010 提供了非常强大的绘图工具，包括线条、矩形、基本形状、箭头、公式形状、流程图、星与旗帜、标注等，用户可以使用这些图形美化 PPT 课件或制作流程图、结构图等。

1）单击“插入”选项卡“插图”选项组中的“形状”下拉按钮，在弹出的下拉列表中选择“矩形”选项，如图 4-1 所示。

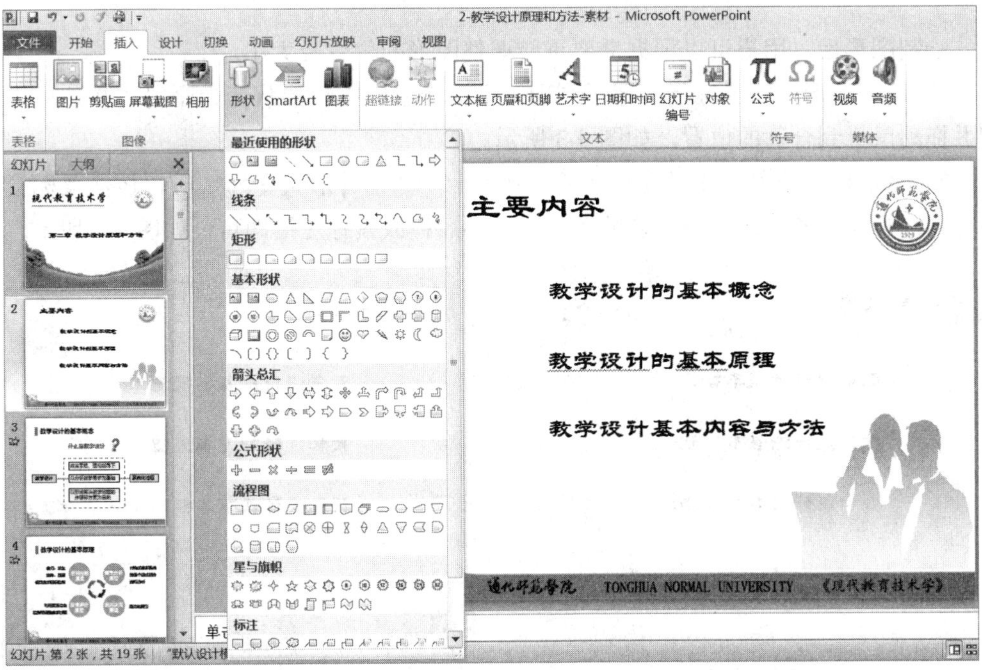

图 4-1 “形状”下拉列表

2）将鼠标指针移动到编辑区的幻灯片中，按住鼠标左键并拖动鼠标绘制图形，释放鼠标左键即可完成相应图形的绘制，如图 4-2 所示。

图 4-2　绘制矩形

4.1.2　编辑图形

1. 调整图形的位置与大小

绘制图形后，用户可以根据需要重新调整图形的位置及大小。

1）选中图形，将鼠标指针置于图形上方，当鼠标指针形状变为时，按住鼠标左键并拖动鼠标到合适的位置，如图 4-3 所示。

2）将鼠标指针置于图形周围任意控制点上，当指针形状变为时，按住鼠标左键并拖动鼠标调整图形的大小，调整到合适大小后释放鼠标左键即可，如图 4-4 所示。

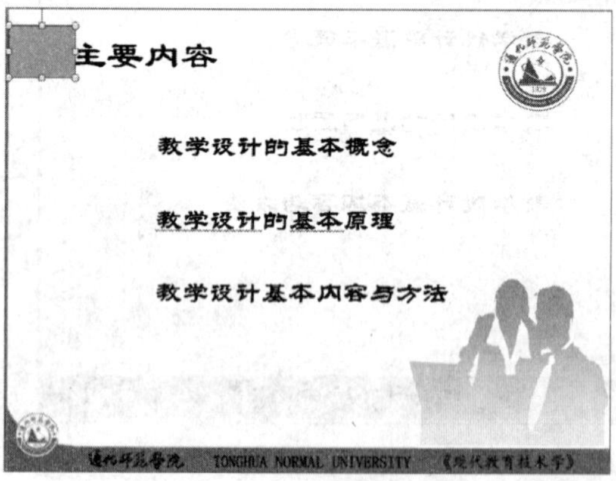

图 4-3　调整位置

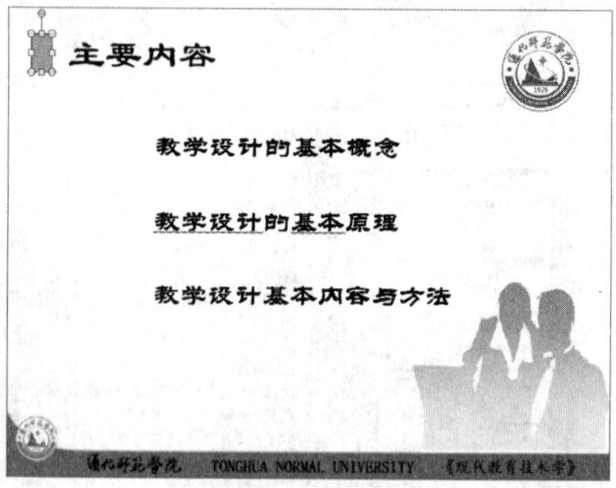

图 4-4　调整大小

3）调整图形的大小时，也可以在“绘图工具-格式”选项卡“大小”选项组中设置，如图 4-5 所示。

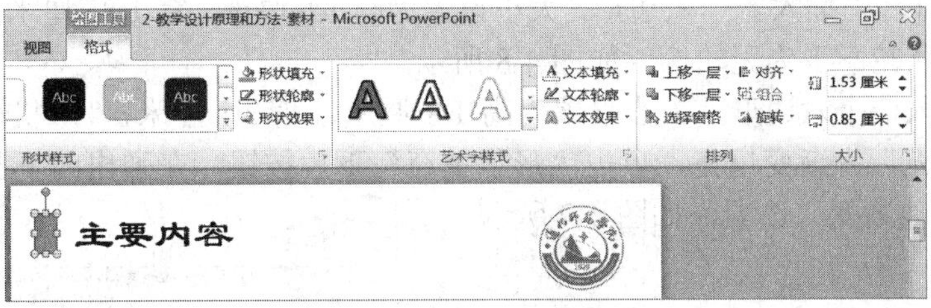

图 4-5　设置图形的大小

提示： 等比例调整图形大小时，可按住【Shift】键的同时调整；绘制正方形时，选择“矩形”形状，按住【Shift】键的同时绘制即可。

2. 设置图形的填充与边框

1）双击图形，在“绘图工具-格式”选项卡“形状样式”选项组中单击“形状填充”下拉按钮，在弹出的下拉列表中选择“标准色 浅绿”选项，如图 4-6 所示。

2）单击“形状样式”选项组中的“形状轮廓”下拉按钮，在弹出的下拉列表中选择“无轮廓”选项，如图 4-7 所示。

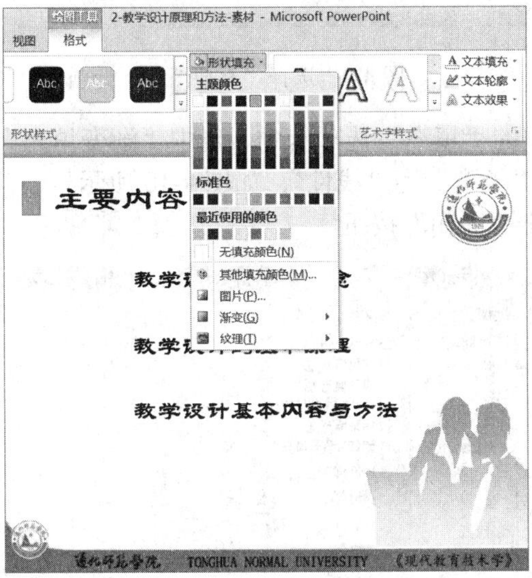

图 4-6　填充颜色

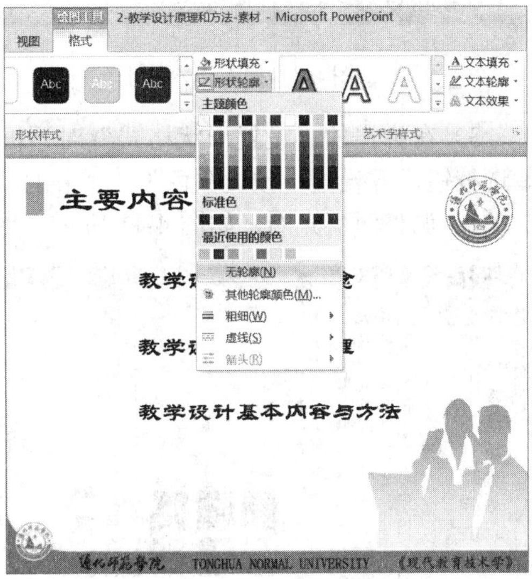

图 4-7　设置边框

3. 调整叠放次序

默认情况下，幻灯片中的图形是按照插入的先后顺序来决定叠放次序的，先插入的图形在底部，后插入的图形在顶部，用户也可以根据实际需要调整图形的叠放次序。

1）在幻灯片中插入一个六边形，大小设置为高 1.6 厘米、宽 1.85 厘米，“形状填充”为绿色，“形状轮廓”为无轮廓，如图 4-8 所示。

2）再插入一个六边形，大小设置为高 1.8 厘米、宽 2.1 厘米，“形状轮廓”为深灰色，“形状填充”为渐变填充，单击“形状填充”下拉按钮，在弹出的下拉列表中选择“渐变”|“其他渐变”选项，如图 4-9 所示。

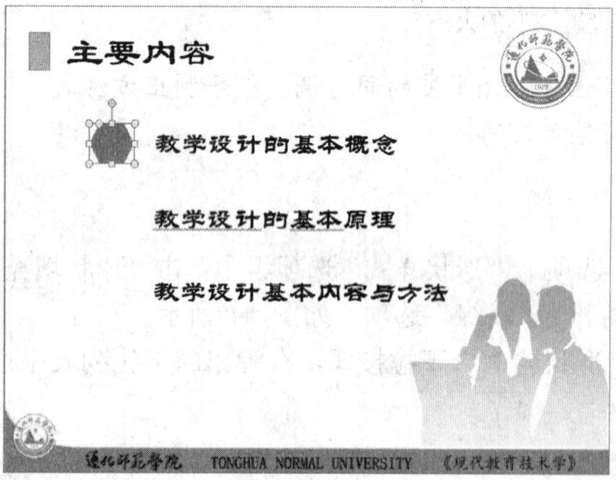

图 4-8　插入正六边形

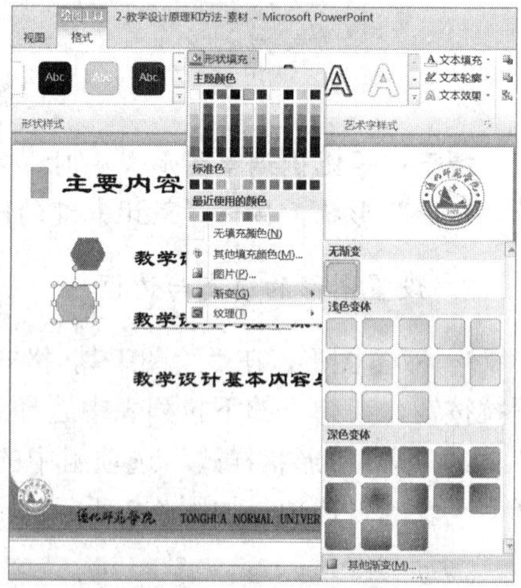

图 4-9　选择“其他渐变”选项

3）在弹出的“设置形状格式”对话框中的“填充”选项卡中，选中“渐变填充”单选按钮，并设置“预设颜色”为“铬色”、“类型”为“线性”，如图 4-10 所示。

4）调整渐变光圈，如图 4-11 所示，单击“关闭”按钮。

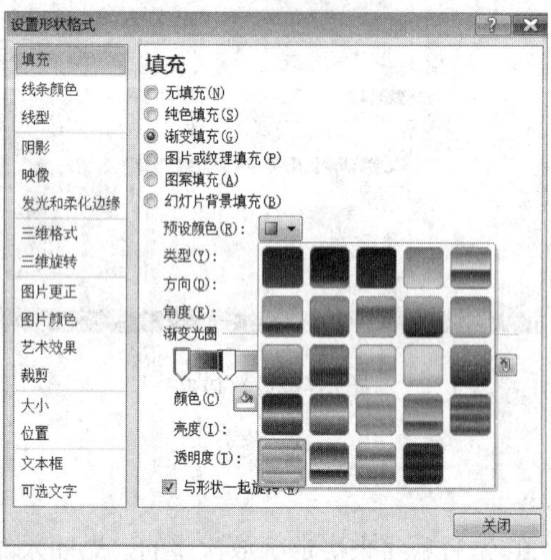

图 4-10　设置渐变的“预设颜色”

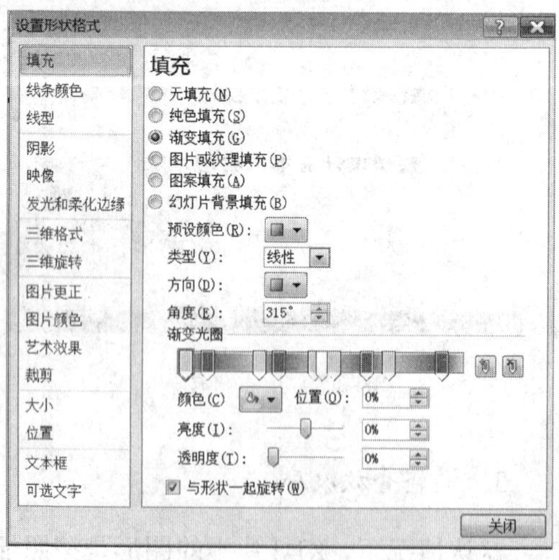

图 4-11　调整渐变光圈

5）移动渐变六边形，使其覆盖住绿色六边形，选中位于上方的渐变六边形并右击，在弹出的快捷菜单中选择“置于底层”|“置于底层”选项，如图 4-12 所示。

6）进一步调整渐变六边形的位置，效果如图 4-13 所示。

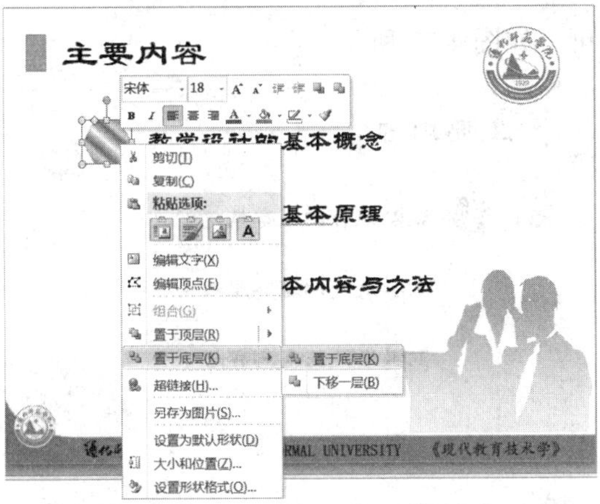

图 4-12　选择“置于底层”选项

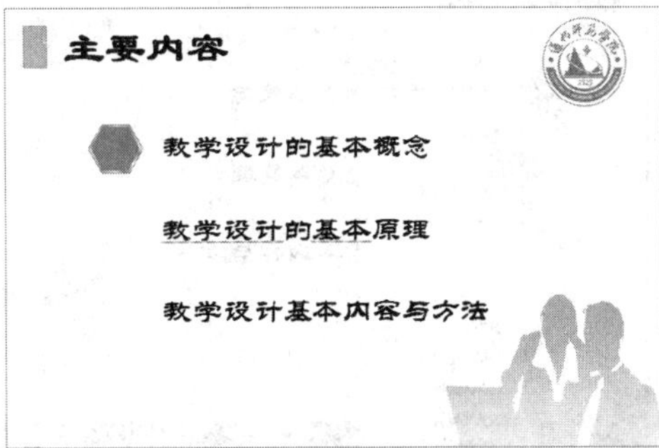

图 4-13　最后效果

4. 组合图形对象

在幻灯片中完成图形的设计后，可以将多个图形组合在一起形成一个整体，这样便于整体移动与修改。

1）按住【Shift】键，依次单击幻灯片中的图形，将两个六边形全部选中，并右击，在弹出的快捷菜单中选择“组合”|“组合”选项，如图 4-14 所示。

2）选中的图形则被组成一个整体，如图 4-15 所示。若要取消组合，则选中图形右击，在弹出的快捷菜单中选择“组合”|“取消组合”选项即可。

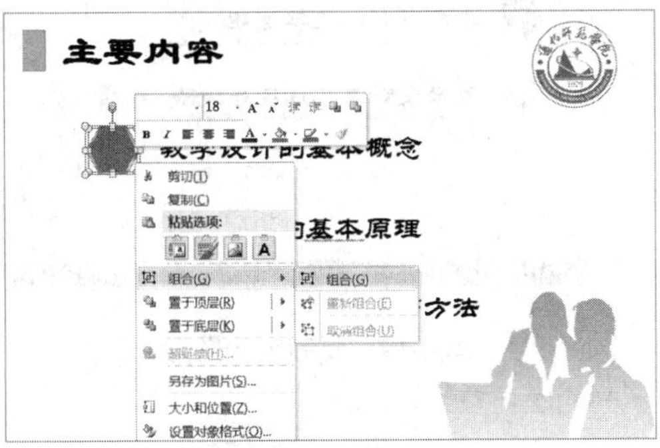

图 4-14　选择“组合”选项

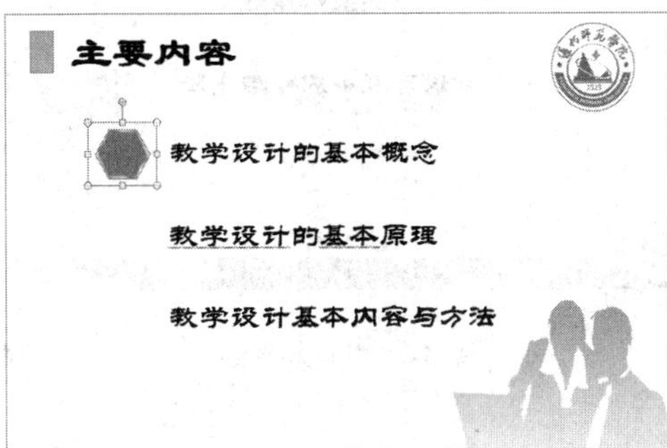

图 4-15　组合成一个整体

5. 在图形上添加文字

1）选中组合图形中的绿色六边形右击，在弹出的快捷菜单中选择“编辑文字”选项，如图 4-16 所示。

2）此时图形中出现光标，输入文本即可，如图 4-17 所示。

图 4-16 选择“编辑文字”选项

图 4-17 输入文本

3）在幻灯片中插入一条直线，“短划线类型”设置为“圆点”，“后端类型”设置为“圆形箭头”，“宽度”设置为 13 厘米，调整位置，使其与两个六边形组合成一个整体，如图 4-18 所示。

4）复制组合图形，调整位置，并更改文本，如图 4-19 所示。

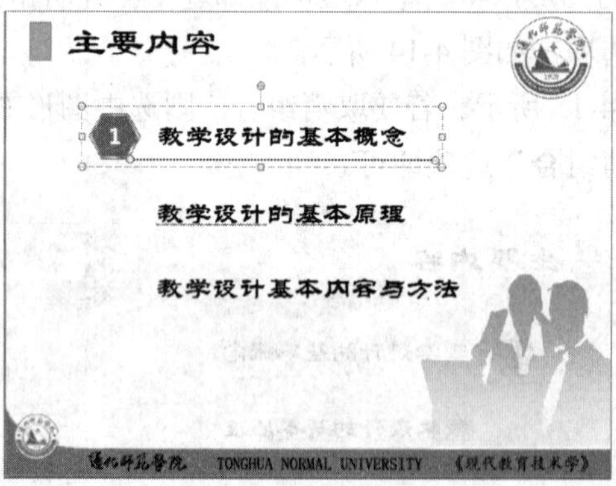

图 4-18 插入直线

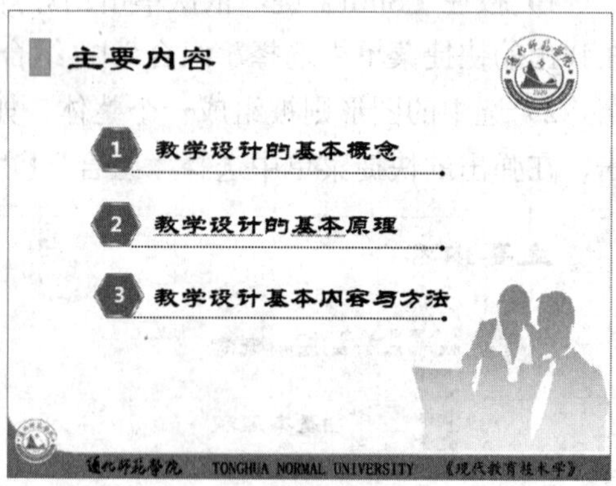

图 4-19 复制组合图形

6. 设置图形效果

用户可以为图形设置一些特殊效果。双击图形，单击“绘图工具-格式”选项卡“形状样式”选项组中的“形状效果”下拉按钮，弹出的下拉列表中有“预设”、“阴影”、“映像”、“发光”、“柔化边缘”、“棱台”和“三维旋转”等效果，选择需要的效果即可，如图 4-20 所示。

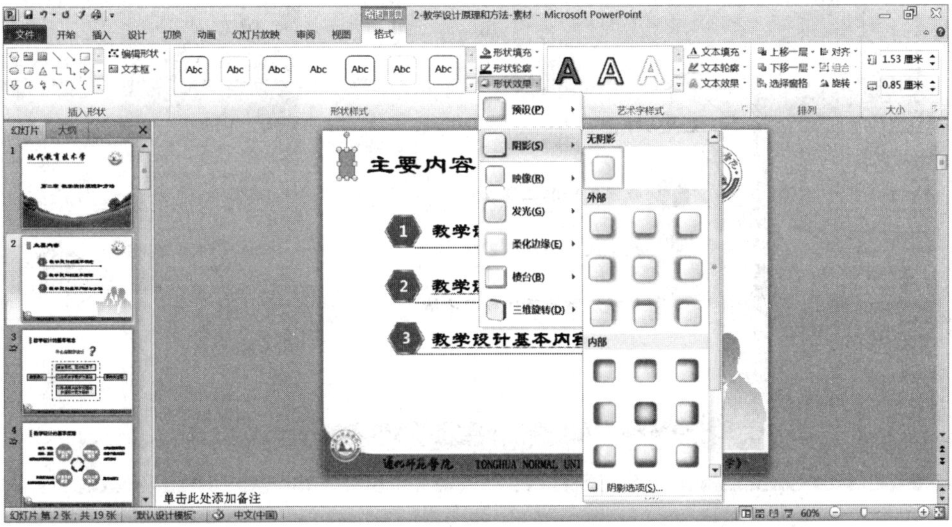

图 4-20　设置图形效果

4.2　制作课件内容

4.2.1　插入图片

1. 插入剪贴画

剪贴画是在安装 Office 时预装在本地计算机上的一部分图片，如果连接网络，还可以在微软网站中搜索到更多的剪贴画。

1）单击“插入”选项卡“图像”选项组的“剪贴画”按钮，如图 4-21 所示。

图 4-21　单击“剪贴画”按钮

2）此时工作界面右侧弹出“剪贴画”窗格，在“搜索文字”文本框中输入要检索图片的关键字，如“计算机”，单击“搜索”按钮，即可找到所有相关图片，如图 4-22 所示。

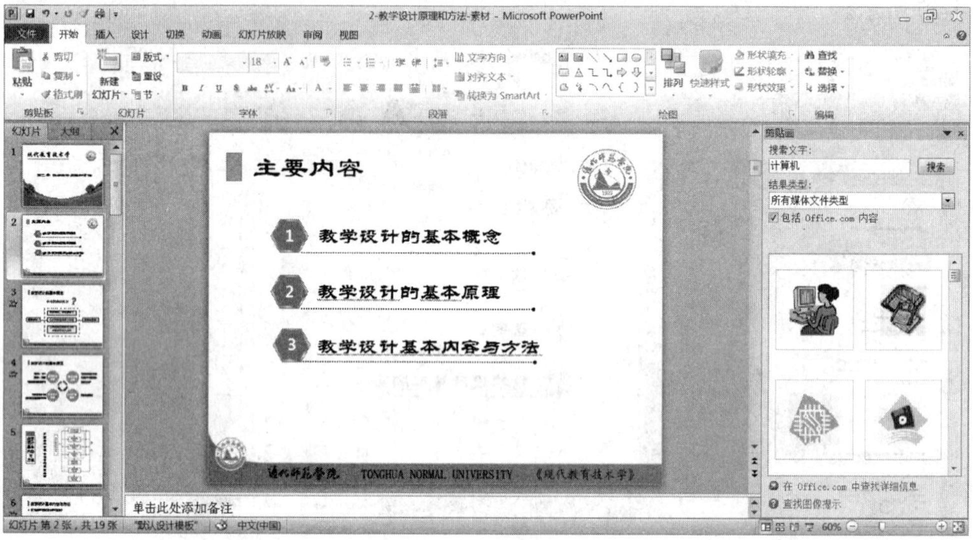

图 4-22　搜索剪贴画

3）在搜索结果中，可以拖动滚动条找到合适的图形，单击要插入的图片即可将其插入当前幻灯片，如图 4-23 所示。

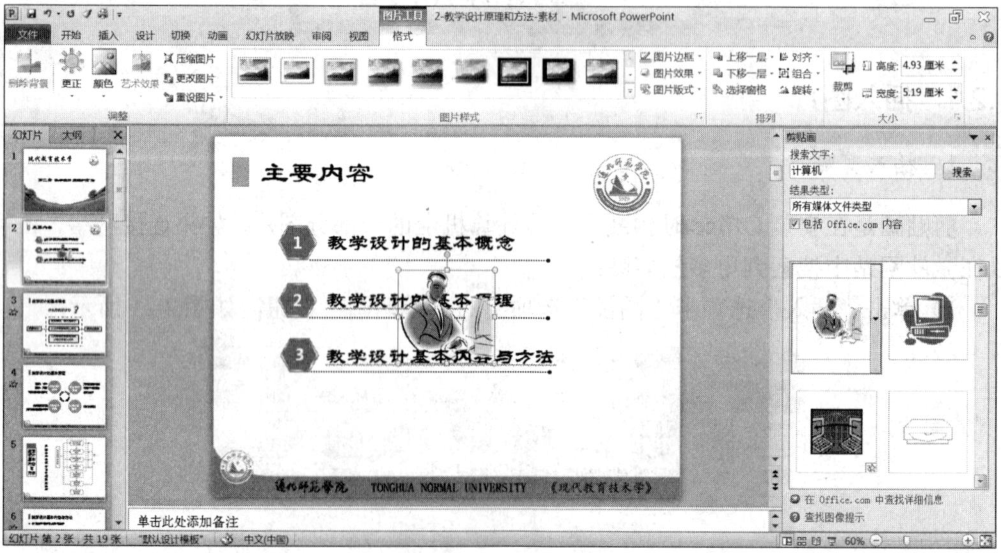

图 4-23　插入剪贴画

4）调整剪贴画的位置，如图 4-24 所示。

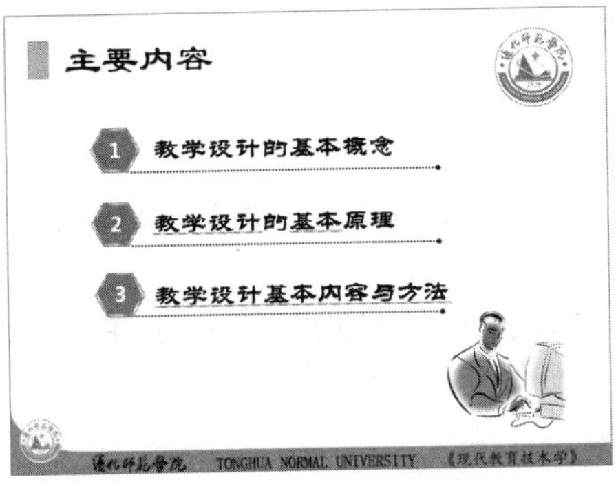

图 4-24　调整剪贴画的位置

2. 插入本地图片

除了在 PPT 课件中插入剪贴画之外，还可以插入本地图片。

1）单击“插入”选项卡“图像”选项组中的“图片”按钮，如图 4-25 所示。

图 4-25　单击“图片”按钮

2）在弹出的“插入图片”对话框中选择需要插入幻灯片的图片，如图 4-26 所示，单击“插入”按钮即可。

3）选中的图片则被插入幻灯片，如图 4-27 所示。

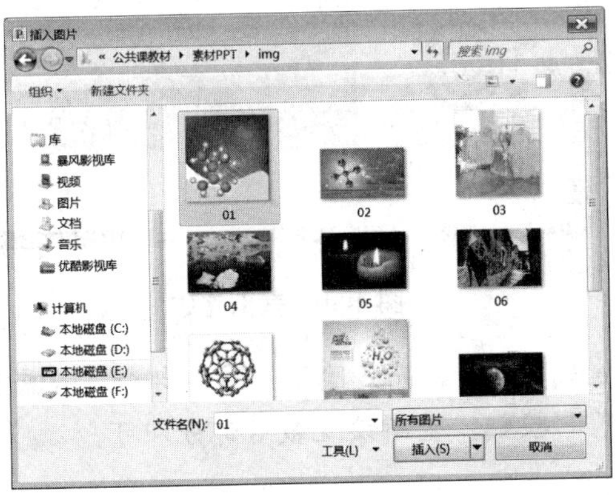

图 4-26　选择插入的图片

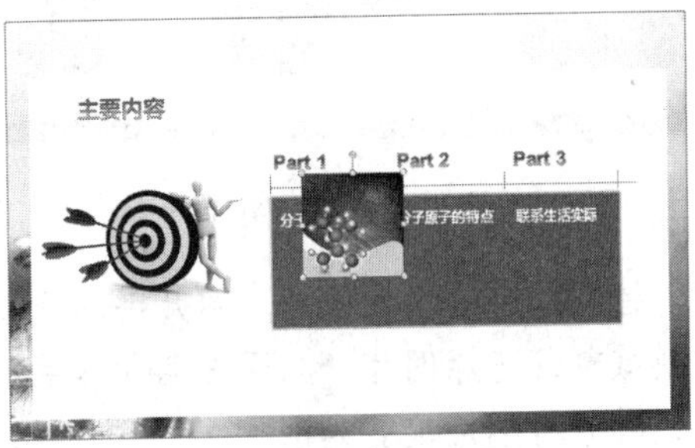

图 4-27　插入图片

4.2.2 美化图片

1. 裁剪图片

（1）裁剪图片的多余部分

对于插入PPT课件中的图片，如果只需要保留图片的某一部分，则可以对多余的部分进行裁剪。

1）双击图片，切换到“图片工具-格式”选项卡，单击“大小”选项组中的“裁剪”下拉按钮，弹出的下拉列表如图4-28所示。

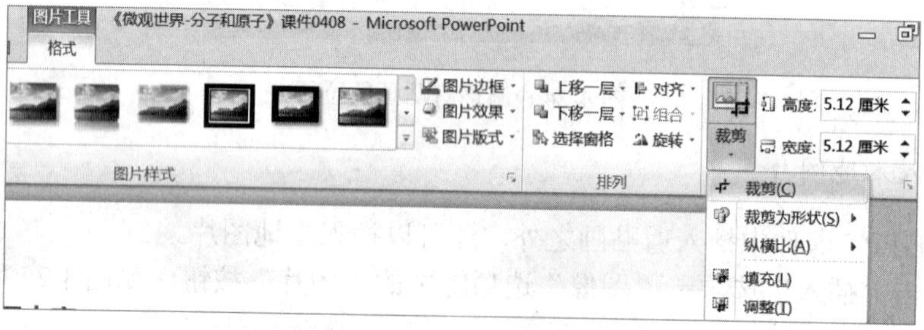

图4-28 “裁剪”下拉列表

2）选择“裁剪”选项，此时图片四周的控制点变成线条形状，4个角的控制点变成直角形状，将鼠标指针置于图片上方，按住鼠标左键并拖动鼠标对图片进行裁剪，裁剪到合适位置释放鼠标左键即可，如图4-29所示。

3）按【Enter】键，确认裁剪图片，如图4-30所示。

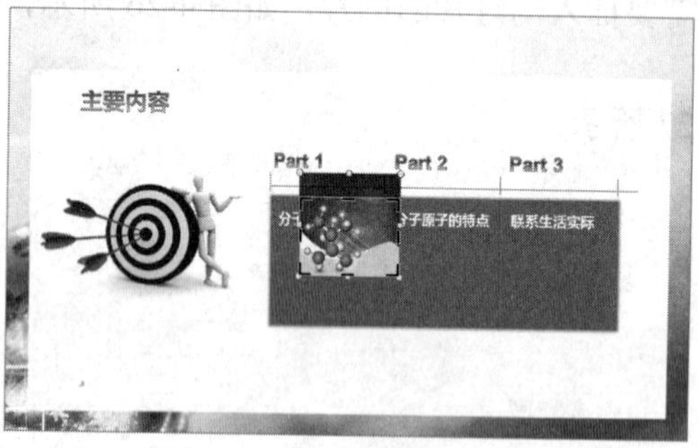

图4-29 裁剪图片

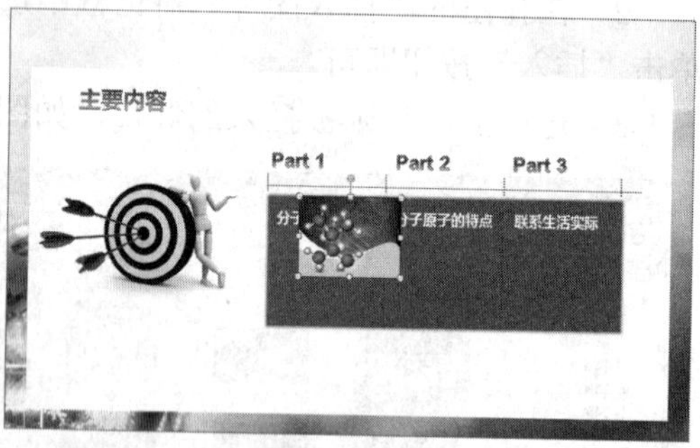

图4-30 裁剪完成

提示：通过以上操作，图片并不是真的被裁剪掉了，而是隐藏了多余部分，若需要重新裁剪或还原图片，只需要再次单击“裁剪”按钮，重新设置裁剪部分即可。

（2）将图片裁剪为形状

除了裁剪图片多余部分之外，还可以根据需要将图片裁剪为合适的比例及形状等。

1）选中图片，单击“裁剪”下拉按钮，在弹出的下拉列表中选择“裁剪为形状”|“椭圆”选项，如图 4-31 所示。

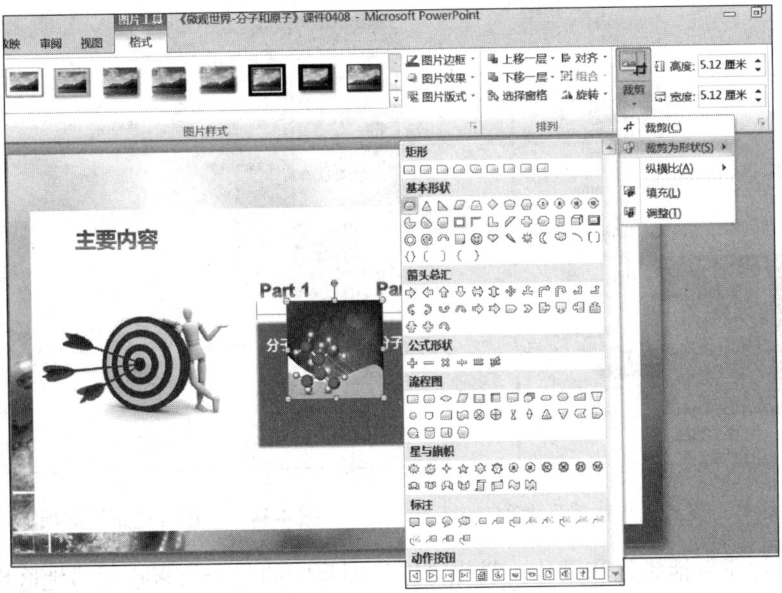

图 4-31　选择“椭圆”选项

2）选中的图片则按照要求进行裁剪，如图 4-32 所示。

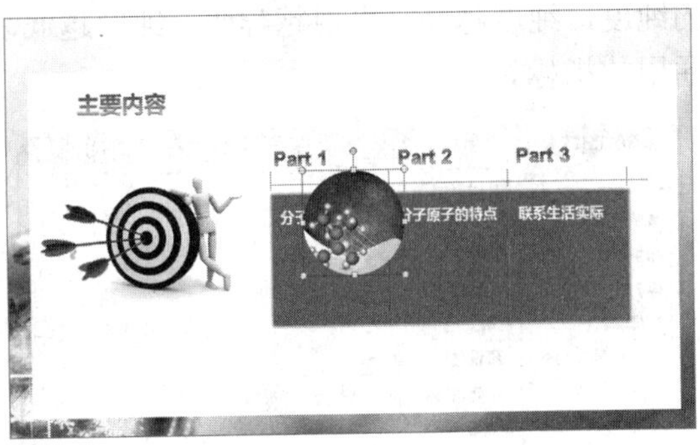

图 4-32　裁剪完成

2. 更正图片

有时插入幻灯片中的图片明暗变化不理想，此时可以通过调整图片的亮度/对比度来更正图片。

1）选中要更正的图片并右击，在弹出的快捷菜单中选择“设置图片格式”选项，如图 4-33 所示。

2）在弹出的“设置图片格式”对话框中的“图片更正”选项卡中，分别拖动“亮度”滑块和“对比度”滑块进行调节即可，如图 4-34 所示。

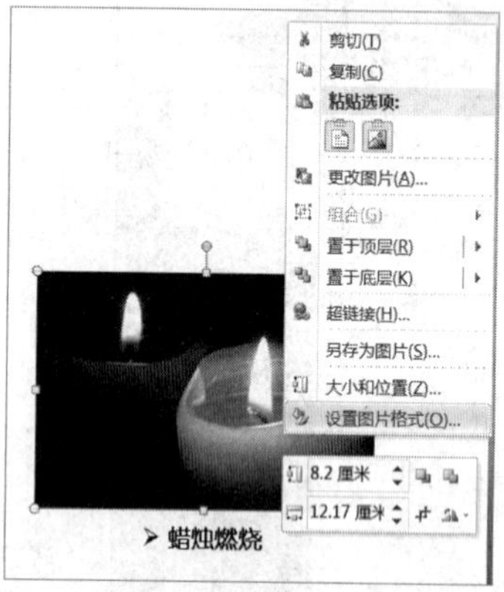

图 4-33　选择“设置图片格式”选项

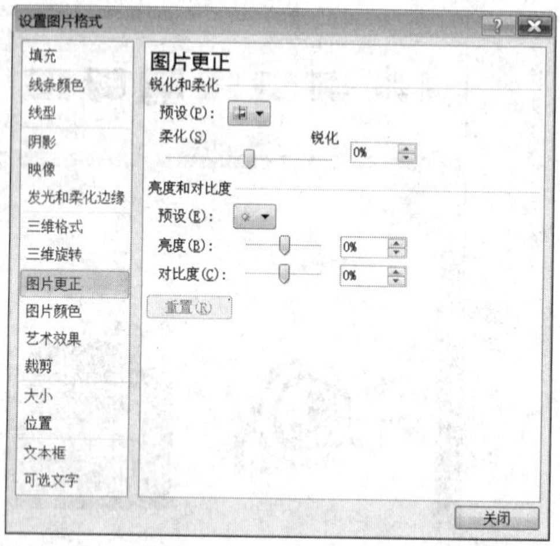

图 4-34　“图片更正”选项卡

更正图片还包括锐化和柔化，锐化可以将图片中的每个像素点明显地区别开，表现出来的效果就是线条和轮廓更加清晰；柔化则是使图片中的每个像素朦胧或虚化，表现出来的效果就是图片更加模糊。

在“图片颜色”选项卡中，可以设置图片的颜色饱和度及色调，如图 4-35 所示。颜色饱和度是指颜色的纯度，纯度越高，表现越鲜明，纯度越低，表现越暗淡；色调是表示光源光谱质量最通用的指标。

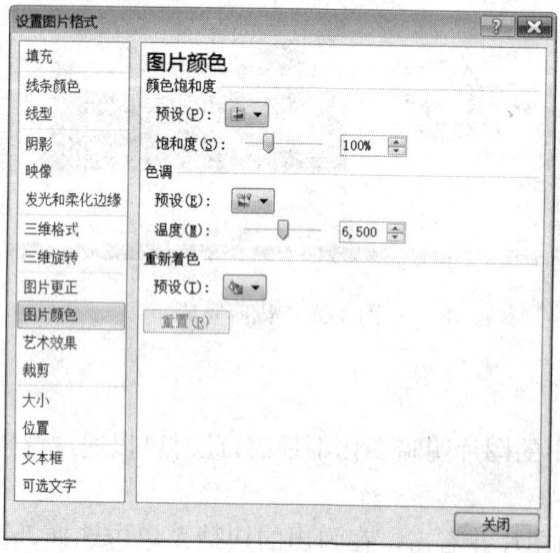

图 4-35　“图片颜色”选项卡

3. 删除图片背景

在处理图片的过程中，为了突出图片的主题，可以将杂乱的背景删除。

1）选中图片，单击“图片工具-格式”选项卡“调整”选项组中的“删除背景”按钮，如图 4-36 所示。

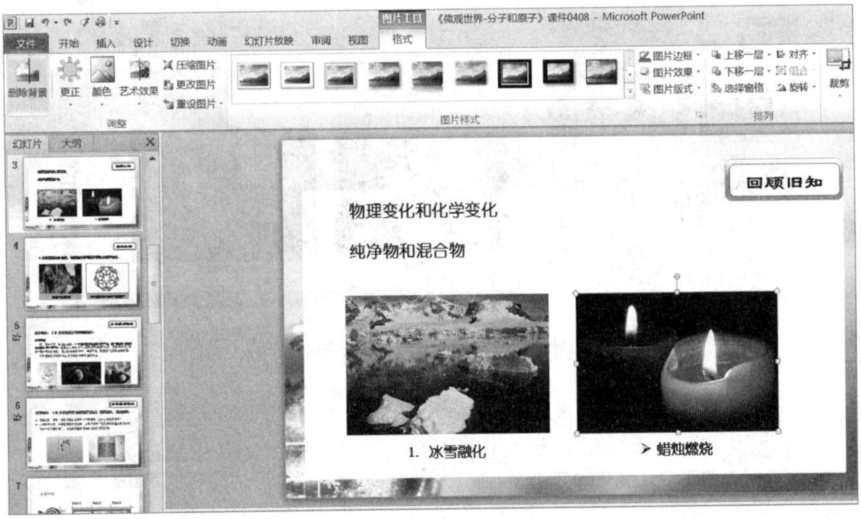

图 4-36 单击“删除背景”按钮

2）图片上方出现一个有 8 个控制点的矩形，将鼠标指针置于想要调整的方向上，按住鼠标左键并拖动鼠标调整矩形面积，如图 4-37 所示。

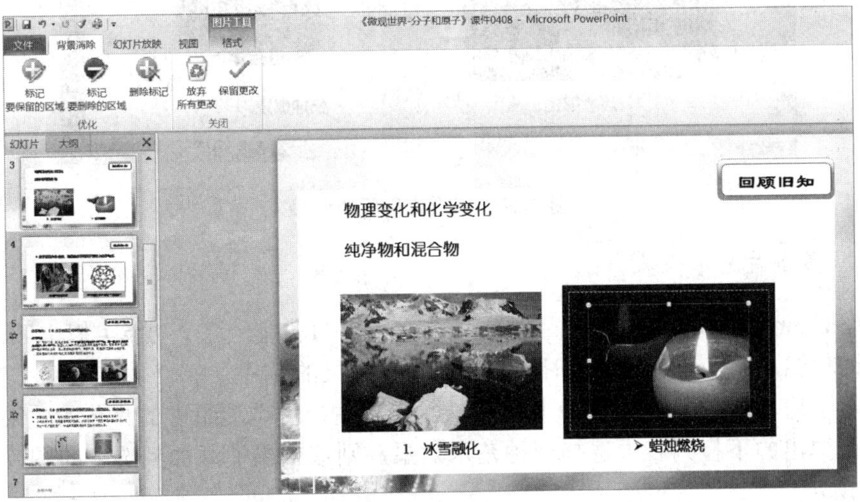

图 4-37 出现矩形控制点

3）调整到合适位置后，单击“保留更改”按钮，如图 4-38 所示。此时可以看到图片的背景已经被删除，如图 4-39 所示。

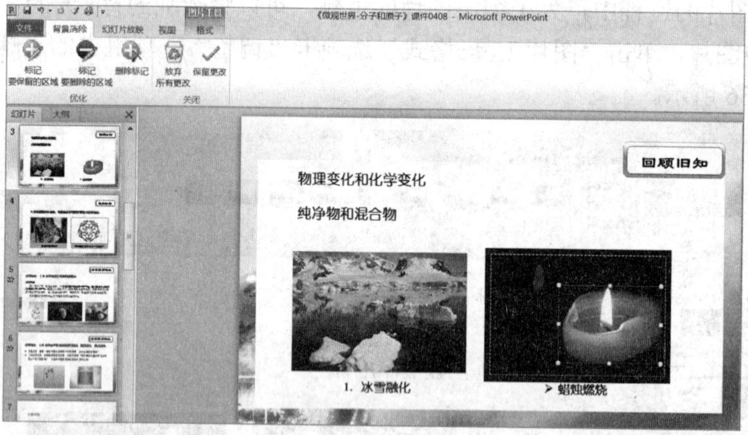

图 4-38　调整矩形控制面积

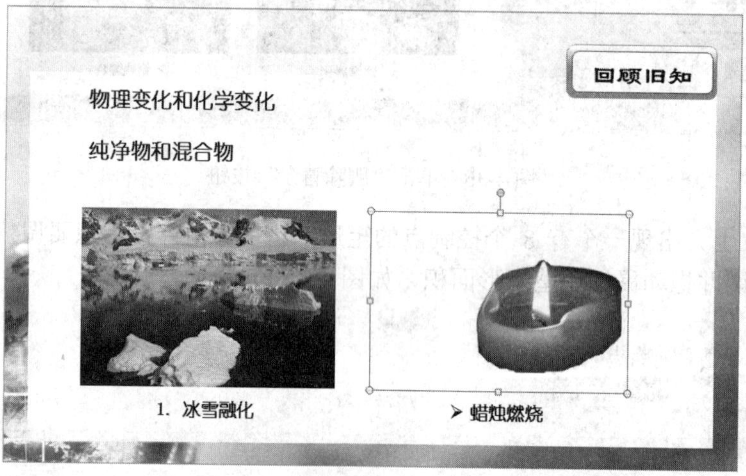

图 4-39　删除背景后的效果

4. 设置图片艺术效果

PowerPoint 2010 新增加了对图片设置艺术效果的功能，这个功能类似于 Photoshop 中的滤镜功能，可以让用户在短时间内做出各种效果的图片。

选中图片，单击“图片工具-格式”选项卡“调整”选项组中的“艺术效果”下拉按钮，在弹出的下拉列表中选择一种艺术效果，则该效果被添加到选中的图片上，如图 4-40 所示。

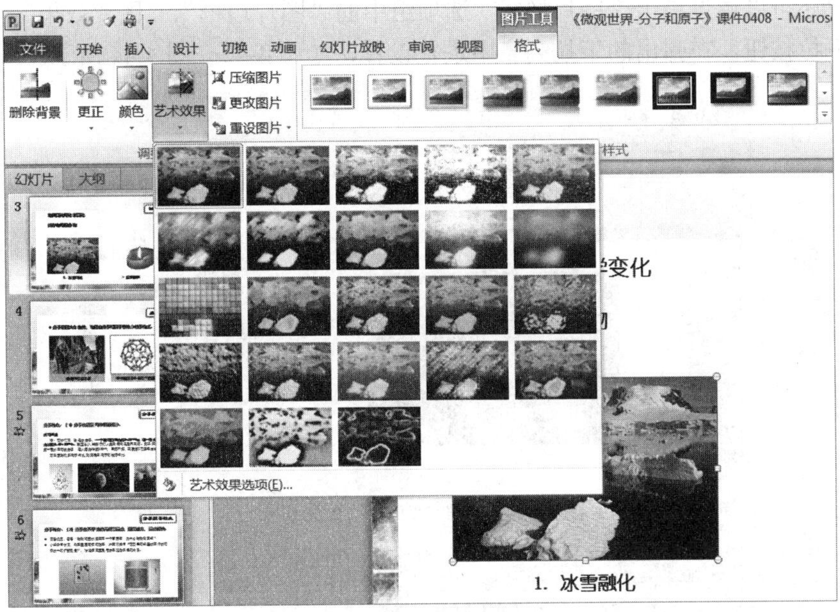

图 4-40　“艺术效果”下拉列表

5. 快速添加图片样式

图片样式是图片格式的集合，在 PowerPoint 2010 中内置了很多自带的图片样式，用户可以应用这些样式快速为图片添加效果。

选中图片，单击“图片工具-格式”选项卡“图片样式”选项组中的“其他”按钮，在弹出的下拉列表中选择一种图片样式，则该样式被添加到选中的图片上，如图 4-41 所示。

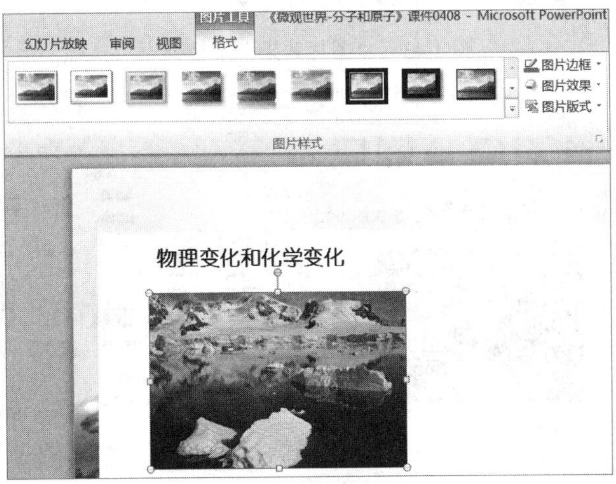

图 4-41　图片样式

用户还可以通过单击“图片样式”选项组中的“图片边框”、“图片效果”和“图片版式”下拉按钮，在弹出的下拉列表中进行设置，如图 4-42～图 4-44 所示。

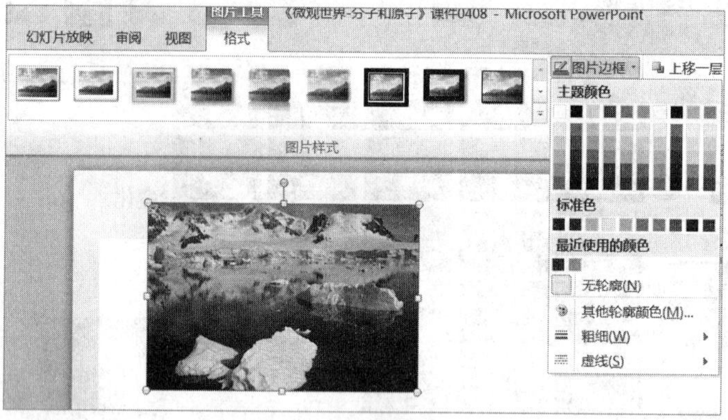

图 4-42　“图片边框”下拉列表

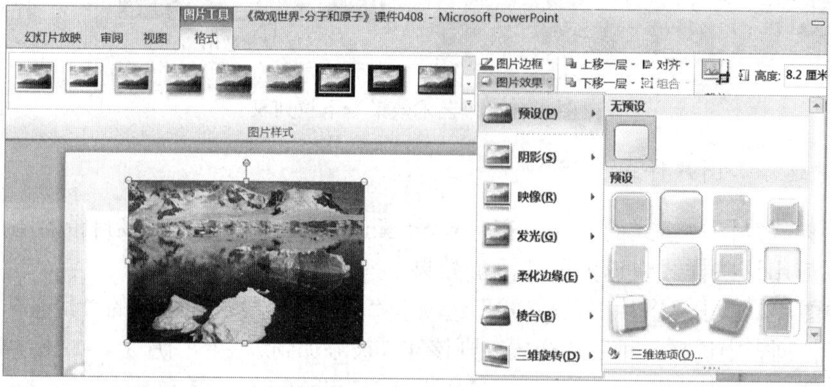

图 4-43　“图片效果”下拉列表

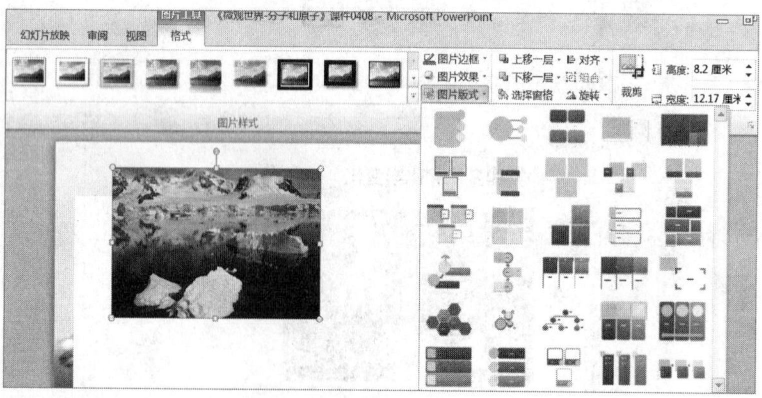

图 4-44　“图片版式”下拉列表

本 章 小 结

通过本章的学习，学生能够掌握绘制图形的方法，并学会编辑图形，包括调整图形的位置与大小、设置图形的填充与边框、调整叠放次序、组合图形对象、在图形上添加文字和设置图形效果等；了解插入剪贴画和本地图片的方法，并能熟练掌握美化图片，包括裁剪图片、更正图片、删除图片背景、设置图片艺术效果和快速添加图片样式的方法。

第 5 章

PPT 课件制作——声音课件

学习目标

1）掌握在幻灯片中插入音频、视频、动画的操作方法。
2）能够对音频和视频进行编辑和外观的设置。
3）了解幻灯片中可插入的音频、视频的格式。

5.1　为课件添加音频

1. 插入音频

在“微观世界-分子和原子”课件的第 5 张幻灯片中插入音频，具体操作如下。

1）单击“插入”选项卡“媒体”选项组中的“音频”下拉按钮（图 5-1），支持的格式有 MP3、WAV、WMA、QuickTime、MIDI。在弹出的下拉列表中可以插入来自文件中的音频、剪贴画音频、录制音频，如图 5-2 所示。

2）插入音频后，在幻灯片中会出现灰色的小喇叭，在使用的过程中可以根据实际需要来确定是否要显示小喇叭，如图 5-3 所示。

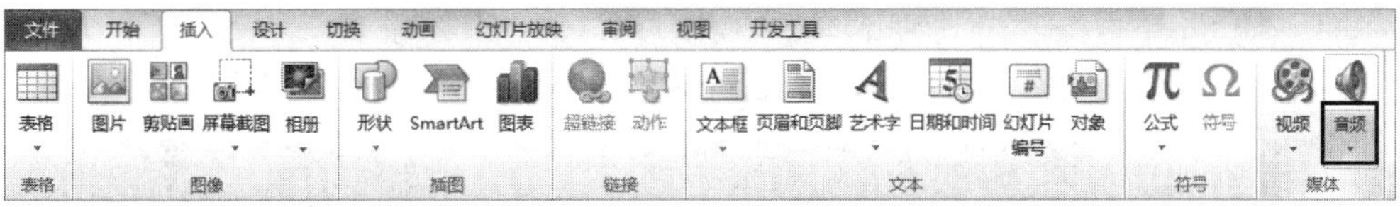

图 5-1　“音频”下拉按钮

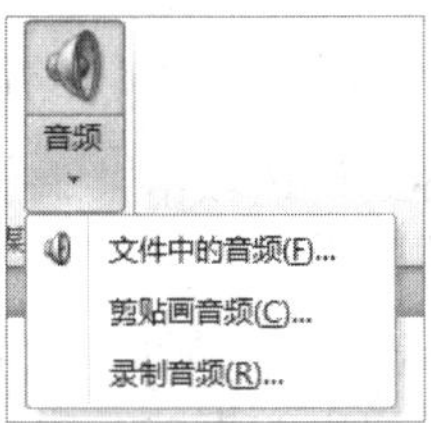

图 5-2　“音频”下拉列表

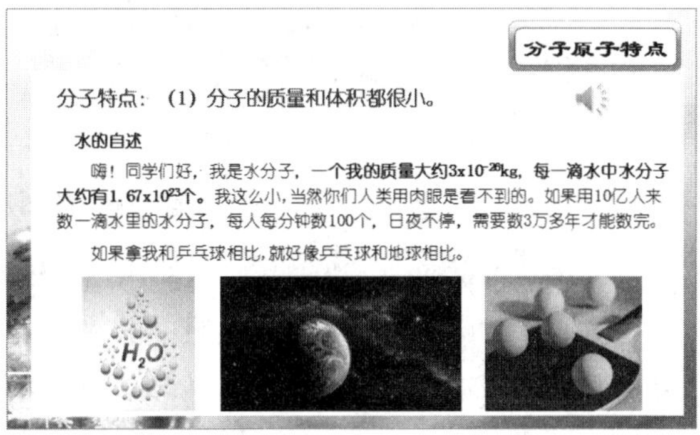

图 5-3　音频图标

3）右击小喇叭，在弹出的快捷菜单中选择“设置音频格式”选项，在弹出的“设置音频格式”对话框中可以设置小喇叭的颜色或图片等，如图 5-4 所示。

4）单击“音频工具-格式”选项卡“图片样式”选项组中的“其他”按钮，在弹出的下拉列表中可以更改小喇叭图标的图片样式，本例选择的是“矩形投影”选项，如图 5-5 所示。单击“调整”选项组中的“更改图片”按钮，在弹出的“插入图片”对话框中可以将小喇叭图标变为实际需要的图像。

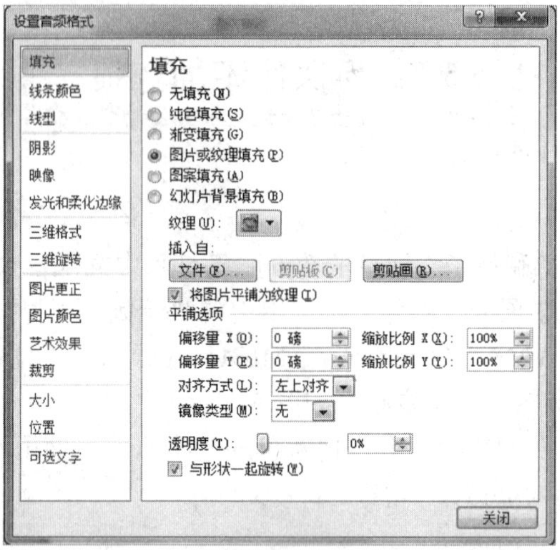

图 5-4 “设置音频格式”对话框

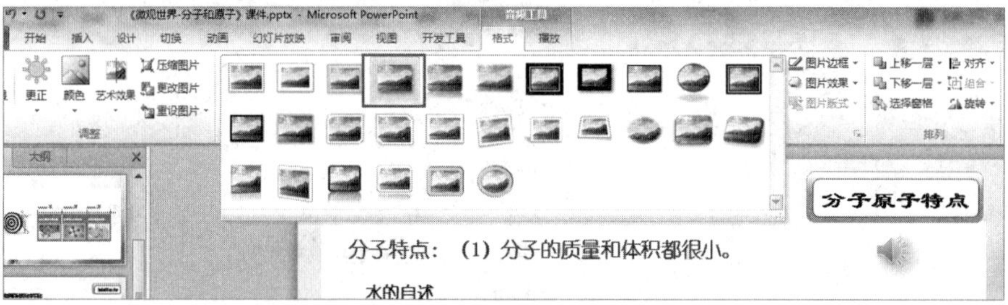

图 5-5 设置小喇叭的图片样式

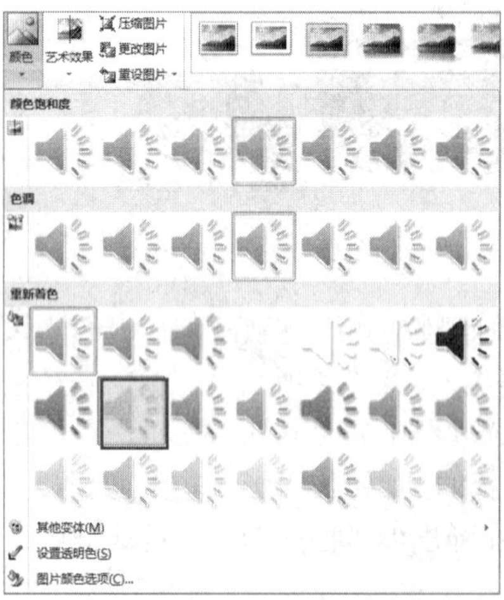

图 5-6 设置小喇叭的颜色

5）单击“音频工具-格式”选项卡“调整”选项组中的“更正”下拉按钮，在弹出的下拉列表中可以更改小喇叭的“亮度和对比度”“锐化和柔化”；单击“颜色”下拉按钮，在弹出的下拉列表中可以更改小喇叭的“颜色饱和度”“色调”“重新着色”，本例选择“重新着色”中的“绿色，强调文字颜色 1 深色”选项，如图 5-6 所示。

2. 设置音频属性

在插入音频后，默认的情况下，音频只能在当前幻灯片放映时进行播放，如果切换到其他幻灯片中，音频将不会继续播放，自动停止播放。单击“音频工具-播放”选项卡“音频选项”选项组中的“开始”下拉按钮，在弹出的下拉列表中选择“跨幻灯片播放”选项，如图 5-7 所示。还可以选中“循环播放，直到停止”“播完返回开头”“放映时隐藏”复选框，如图 5-8 所示。

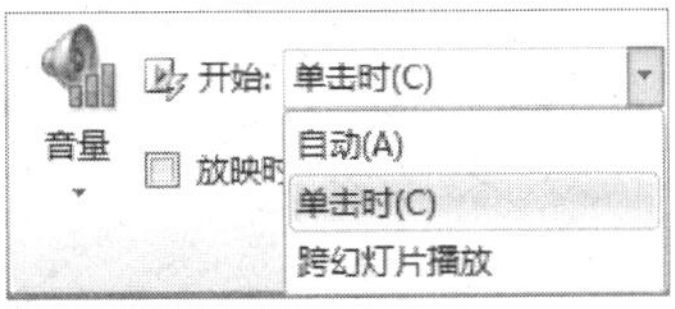

图 5-7　“开始”下拉列表

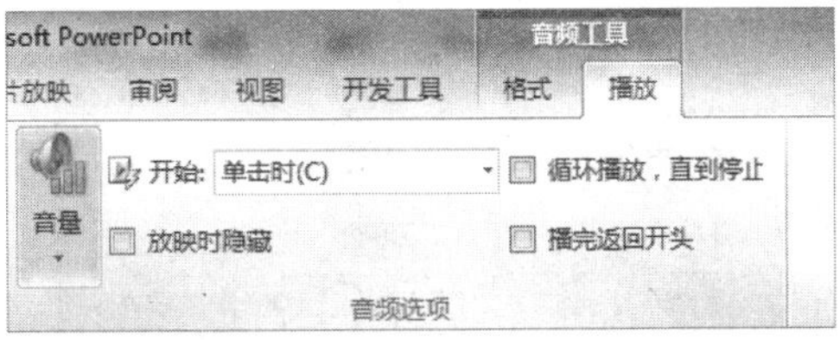

图 5-8　“音频选项”选项组

有时候在 PPT 中并不需要一段完整的音频，可以对音频进行裁剪。单击“音频工具-播放”选项卡“编辑”选项组中的“剪裁音频”按钮，在弹出的“剪裁音频”对话框中设置“开始时间”和“结束时间”即可，如图 5-9 所示。

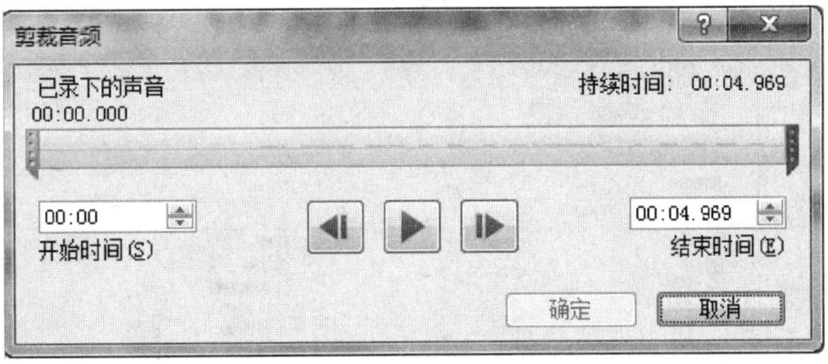

图 5-9　“剪裁音频”对话框

5.2　为课件添加 Flash 动画

在 PowerPoint 中虽然也能够制作动画，但是其和专业的动画制作软件 Flash 的功能相差甚远。在幻灯片中插入 Flash 动画，可使幻灯片更加生动。

1. 插入 Flash 动画

1）打开“素材资源\第 5 章\微观世界-分子和原子.pptx”，选择第 6 张幻灯片，单击“开发工具”选项卡“控件”选项组中的“其他控件”按钮，在弹出的“其他控件”对话框中选择“Shockwave Flash Object”控件，单击“确定”按钮，如图 5-10 所示。

2）在幻灯片中按住鼠标左键并拖动鼠标，绘制一个 Flash 动画区域，如图 5-11 所示。

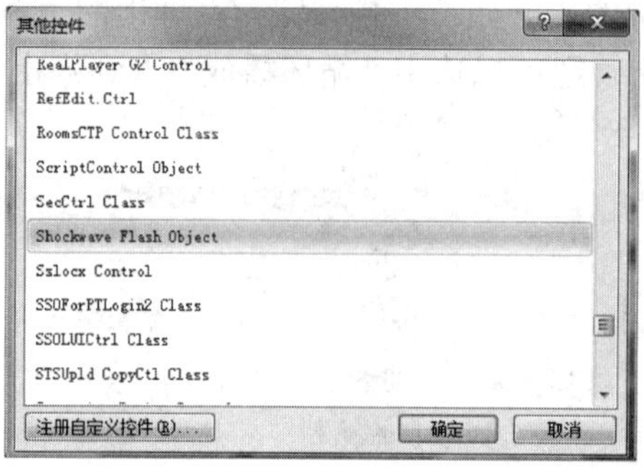

图 5-10 “其他控件”对话框

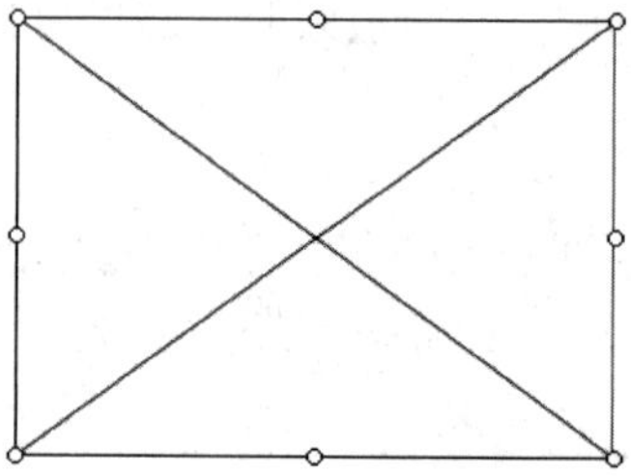

图 5-11 Flash 动画区域

注意：如果 PowerPoint 工作界面中没有“开发工具”选项卡，则选择“文件”|“选项”选项，在弹出的“PowerPoint 选项”对话框中的“自定义功能区”选项卡中选中“主项卡”列表框中的“开发工具”复选框，如图 5-12 所示，单击“确定”按钮，即可在 PowerPoint 工作界中看到“开发工具”选项卡。

图 5-12 “PowerPoint 选项”对话框

2. 设置 Flash 动画属性

右击插入的 Flash 动画区域，在弹出的快捷菜单中选择“属性”选项，在弹出的“属性”对话框中，设置“Height”（高度）为 225、“Width”（宽度）为 315，在“Movie”文本框中输入插入动画的名称，本次插入的动画是“温度可控动画.swf”，然后单击“关闭”按钮即可，如图 5-13 所示。

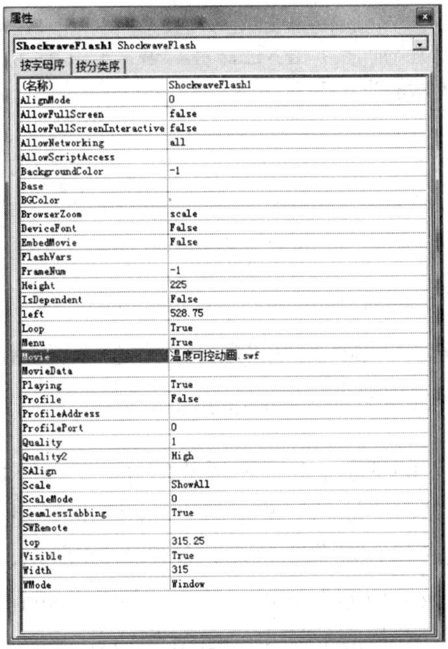

图 5-13　设置 Flash 动画区域的属性

除了上述通过“开发工具”选项卡“控件”选项组中的控件来插入 Flash 动画之外，还可以通过单击“插入”选项卡“文本”选项组中的“对象”按钮来插入 Flash 动画，在弹出的“插入对象”对话框中选中“由文件创建”单选按钮，单击“浏览”按钮，在弹出的“浏览”对话框中选择素材资源文件夹“第 5 章”中要插入的 Flash 动画，单击“确定”按钮，即可插入 Flash 动画，如图 5-14 所示。

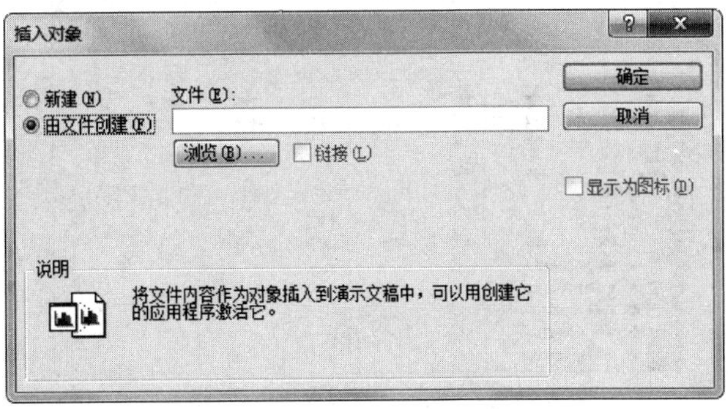

图 5-14　插入 Flash 动画

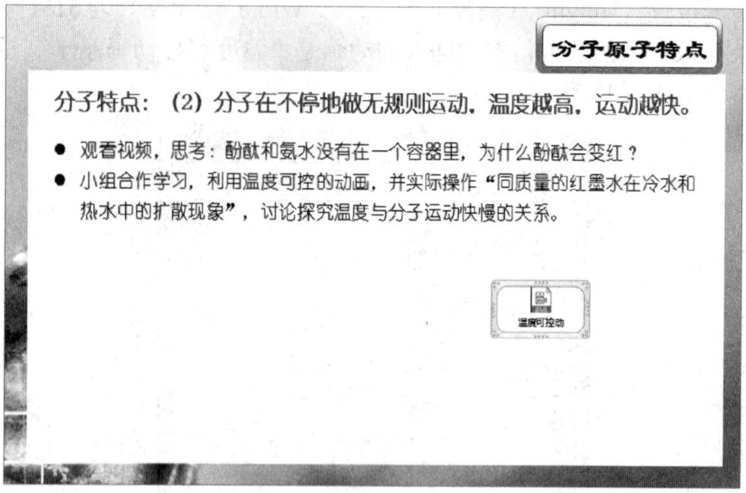

图 5-14（续）

通过“对象”按钮插入的 Flash 动画在播放幻灯片时是不能正常播放的，必须要经过激活才可以正常播放。单击“动画”选项卡“动画”选项组中的“其他”按钮，在弹出的下拉列表中选择“OLE 操作动作”选项，如图 5-15 所示，在弹出的“更改 OLE 操作动作”对话框中选择“激活内容”选项，单击“确定”按钮，即可激活插入的 Flash 动画，激活后显示的图标上有相应的标志，如图 5-16 所示。

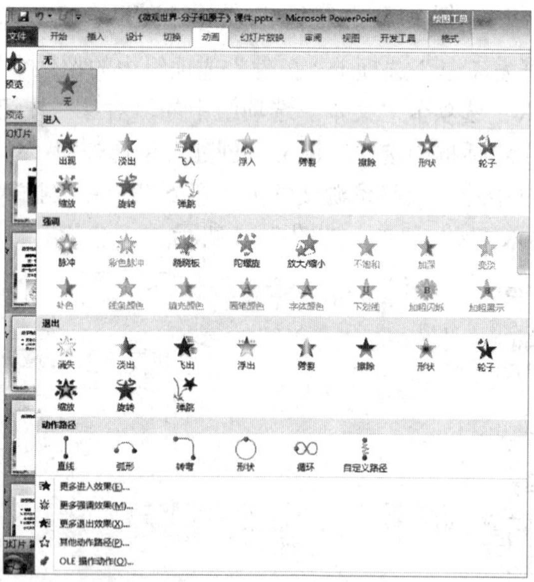

图 5-15 选择“OLE 操作动作”选项

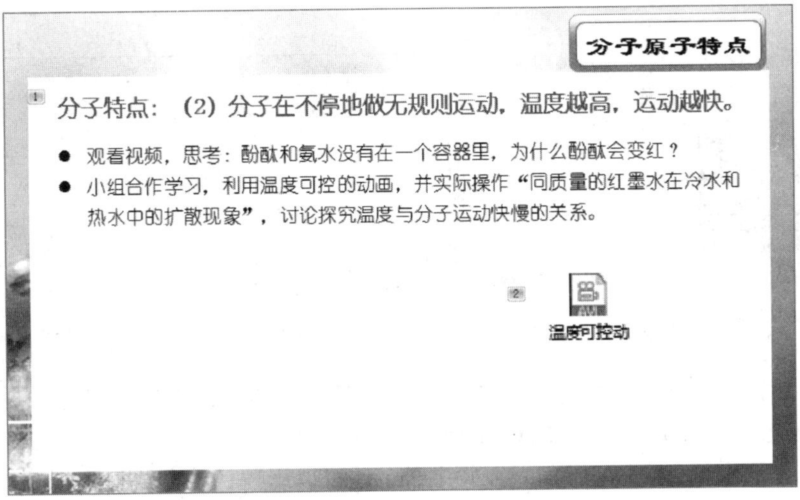

图 5-16　激活 Flash 动画

5.3　为课件添加视频

幻灯片中不仅包括文字、图片、图标、音频和动画，还包括视频。

1. 插入视频

PowerPoint 2010 支持大多数视频格式，主要有 AVI、WMV、MPEG、QucikTime、MKV 等，也支持 Flash 文件。在插入视频的时候一定要注意视频格式是否是幻灯片所支持的。单击“插入”选项卡“媒体”选项组中的“视频”下拉按钮，在弹出的下拉列表中可以插入文件中的视频、来自网站的视频、剪贴画视频等，如图 5-17 所示。

图 5-17　插入视频

1）打开“素材资源\第 5 章\微观世界-分子和原子.pptx”，选择第 6 张幻灯片，单击“插入”选项卡“媒体”选项组中的“视频”下拉按钮，在弹出的下拉列表中选择“文件中的视频”选项，在弹出的“插入视频文件”对话框中选择“素材资源\第 5 章\氨水与酚酞.avi”，单击“插入”按钮，即可将视频文件插入课件中，如图 5-18 所示。

2）在“视频”下拉列表中选择“来自网站的视频”选项，在弹出的“从网站插入视频”对话框中输入所要插入的视频网址，如图 5-19 所示，单击“插入”按钮，即可插入网站中的视频。

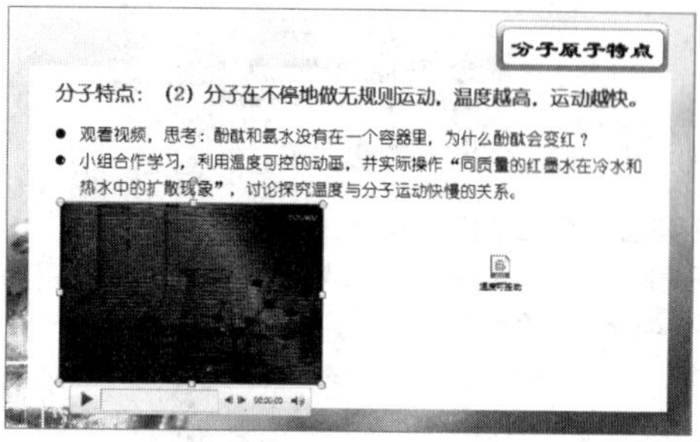

图 5-18　插入视频

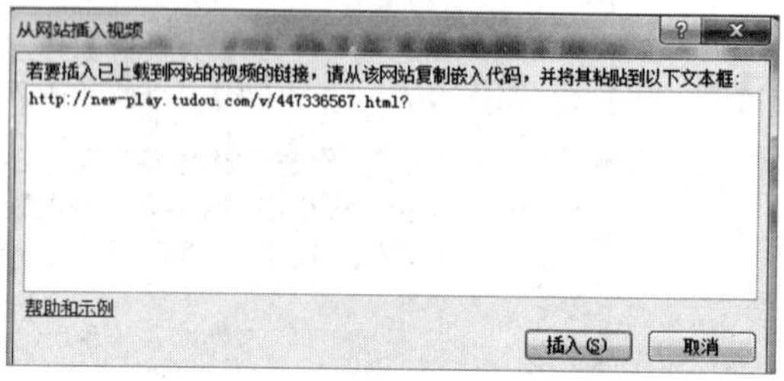

图 5-19　“从网站插入视频”对话框

3）在“视频”下拉列表中选择“剪贴画视频”选项，在弹出的“剪贴画”窗格中可选择系统自带的视频，如图 5-20 所示。

4）除了通过“视频”按钮插入视频之外，还可以用控件的方式插入视频，单击“开发工具”选项卡“控件”选项组中的“其他控件”按钮，在弹出的“其他控件”对话框中选择“Windows Media Player”控件，如图 5-21 所示，单击“确定”按钮，即可插入视频。

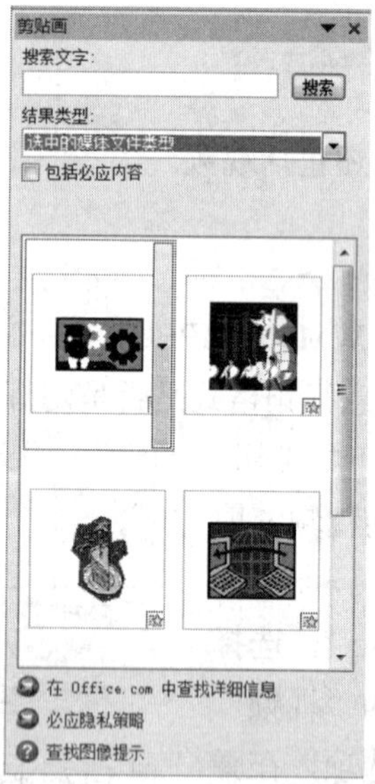

图 5-20　插入剪贴画中的视频

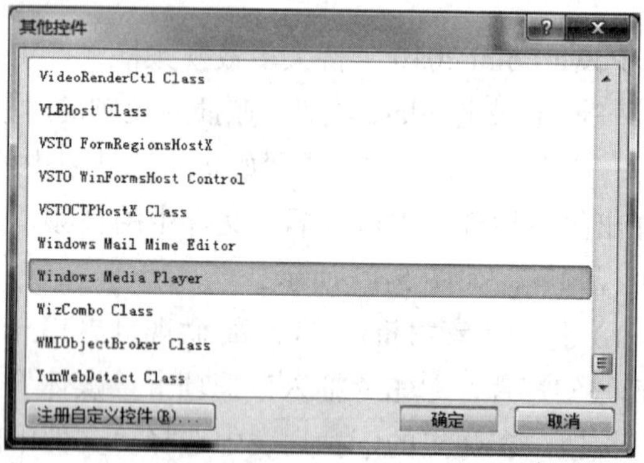

图 5-21　通过“其他控件”按钮插入视频

2. 设置视频属性

对插入幻灯片的视频，可以对其大小、位置、播放方式、颜色、视频样式、排列等属性进行设置，同时还能够对视频进行裁剪。下面通过“微观世界-分子和原子”课件中插入的视频介绍对幻灯片中的视频进行编辑的方法。

1）在“微观世界-分子和原子”课件中插入视频后，选中视频，将鼠标指针放在视频的控制点上，然后按住鼠标左键并拖动鼠标，即可调整视频的大小；将鼠标指针放在视频上方的绿色控制点上，按住鼠标左键并拖动鼠标，即可对视频进行旋转，如图 5-22 所示。

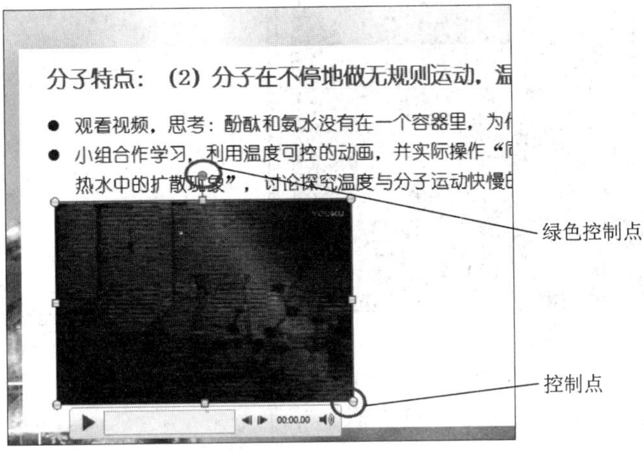

图 5-22　调整视频大小

2）选中插入的视频，单击“视频工具-格式”选项卡“视频样式”选项组中的“其他”按钮，在弹出的下拉列表中进行视频样式的设置，如图 5-23 所示。

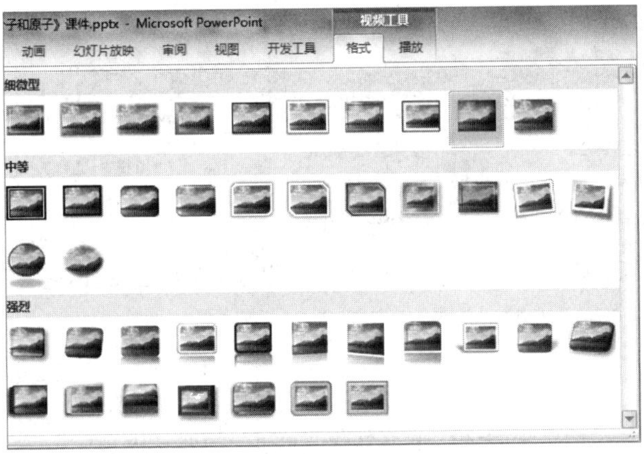

图 5-23　设置视频样式

3）选中插入的视频，单击“视频工具-播放”选项卡“编辑”选项组中的“剪裁视频”按钮，弹出“剪裁视频”对话框，可以通过两侧的滑块来设置视频的开始时间和结束时间，如图 5-24 所示。

4）选中插入的视频，在“视频工具-播放”选项卡“编辑”选项组中的“淡入”和“淡出”微调框中可以设置视频淡入、淡出效果的持续时间。“微观世界-分子和原子”课件中插入的视频将“淡入”设为 4 秒，如图 5-25 所示。

图 5-24 “剪裁视频”对话框

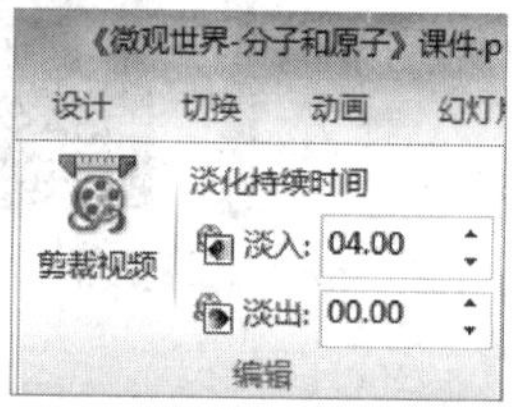

图 5-25 对视频进行淡入设置

5）选中插入的视频，在“视频工具-播放”选项卡中可以设置视频的音量和播放方式，如图 5-26 所示。

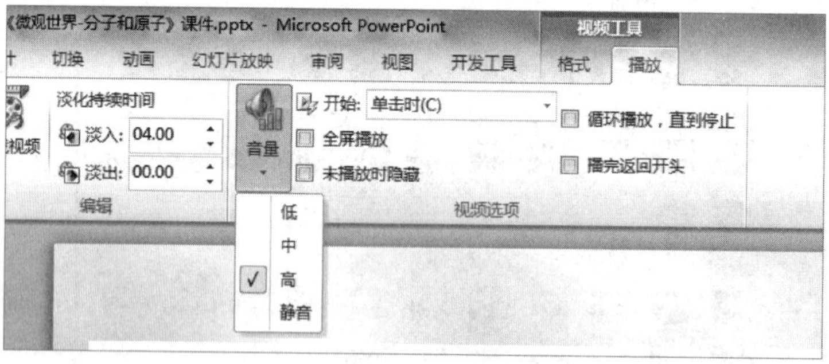

图 5-26 设置视频的音量与播放方式

6）选中插入的视频，单击“视频工具-格式”选项卡“调整”选项组中的“更正”下拉按钮，在弹出的下拉列表中可设置视频的亮度和对比度，如图 5-27 所示。

7）选中插入的视频，单击“视频工具-格式”选项卡“调整”选项组中的“颜色”下拉按钮，在弹出的下拉列表中可对视频的颜色进行设置，如图 5-28 所示。

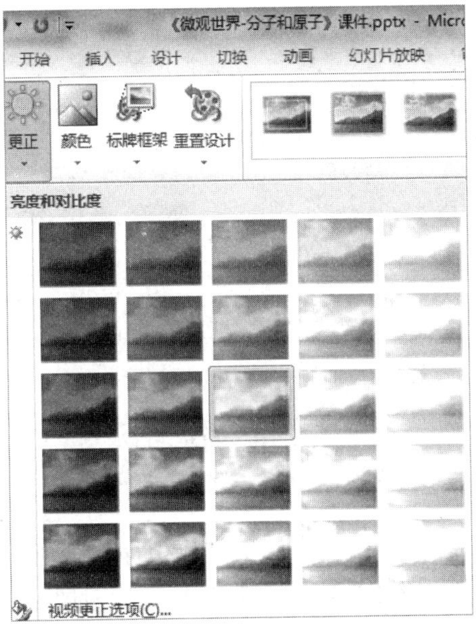

图 5-27 “更正”下拉列表

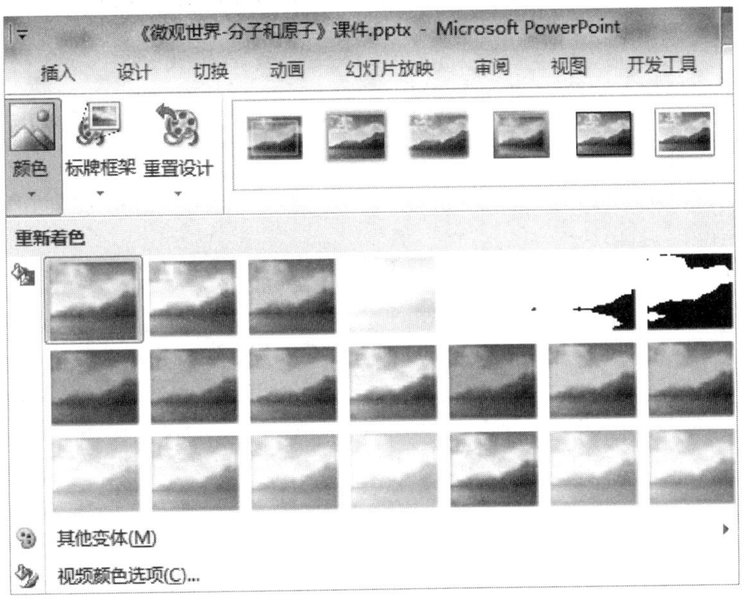

图 5-28 “颜色”下拉列表

8）单击“视频工具-格式”选项卡“调整”选项组中的“标牌框架”下拉按钮，在弹出的下拉列表中可以更改视频显示的图片，如图 5-29 所示。

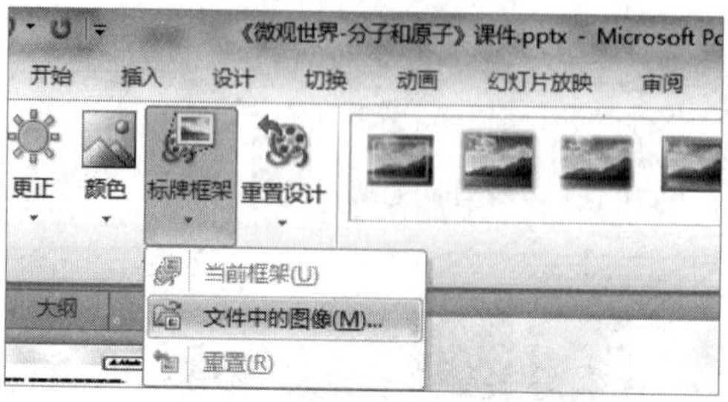

图 5-29 “标牌框架”下拉列表

本 章 小 结

通过本章的学习，学生能够熟练地在幻灯片中插入音频、Flash 动画、视频。插入音频后，可利用“音频工具-播放”选项卡对音频进行裁剪，以及设置音频的开始方式、音量等。插入视频后，通过“视频工具-格式”选项卡可以对视频的外观进行设置。在插入视频文件的同时一定注意视频文件的格式是否为幻灯片所支持的格式。

第 6 章

为 PPT 课件添加表格、图表和 martArt 图形

学习目标

1）掌握表格的创建和属性设置的方法。
2）掌握图表的创建和属性设置的方法。
3）掌握 SmartArt 图形的创建和属性设置的方法。

PPT课件制作中常需要用到大量的表格和图表，它们的加入可以更加直观形象地显示数据、展现教学内容。本章主要介绍在PowerPoint 2010中创建表格、图表和SmartArt图形及设置其属性的方法。

6.1 在PPT课件中插入表格

在PowerPoint中，当要处理大量数据或某些信息和数据无法用文字来表达时，可以使用表格的形式。表格是组织数据的有效工具之一，它可以使数据更加清晰、简明，并使其更严谨性和具有逻辑性。

6.1.1 插入表格

PowerPoint 2010提供了功能十分强大的表格制作功能，不仅可以帮助用户创建各种形式的表格，还可以对表格进行各种编辑处理，使其与整个演示文稿风格一致。插入表格的方法有多种，用户可以按照自己的需求和习惯来进行选择，下面介绍插入表格常用的方法。

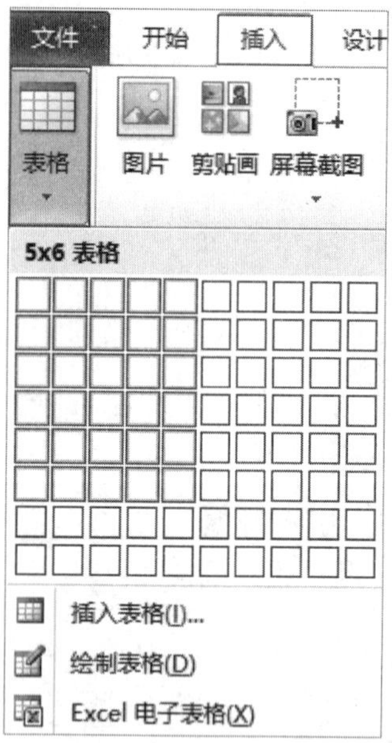

图6-1 “表格”下拉列表

1. 快速插入表格

若要插入的表格小于9行11列，可直接在“表格”下拉列表中选择行列数插入，具体操作方法如下。

1）单击“插入”选项卡“表格”选项组中的“表格”下拉按钮，在弹出的下拉列表中通过移动鼠标指针来选择表格的行列数。

2）当行列以高亮形式显示时，单击高亮区域的右下角方格，即可插入相应行列数的表格，如图6-1所示。

2. 插入表格

如果要插入的表格行列数大于8行10列或想自行确定行列数，可以通过“插入表格”对话框来自定义表格的行列数。以插入8行12列表格为例，具体操作方法如下。

1）在图6-1所示的“表格”下拉列表中选择“插入表格”选项，在弹出的“插入表格”对话框中，设置“列数”为12、“行数”为8，如图6-2所示。

2）单击“确定”按钮，完成表格的插入。

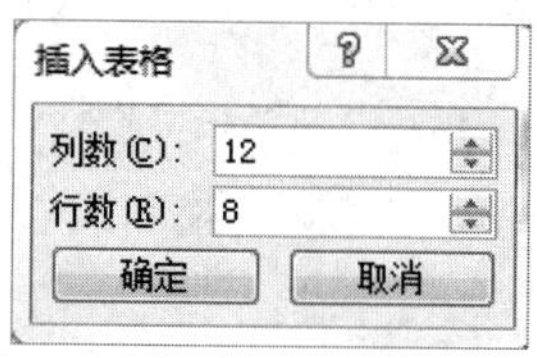

图6-2 “插入表格”对话框

3. 插入 Excel 表格

在幻灯片中还可以插入 Excel 表格，具体操作方法如下。

在图 6-1 所示的“表格”下拉列表中选择“Excel 电子表格”选项，此时，幻灯片中已插入了 2 行 2 列的 Excel 表格，如图 6-3 所示。将鼠标指针移至表格右下角并拖动鼠标，即可调整表格大小。

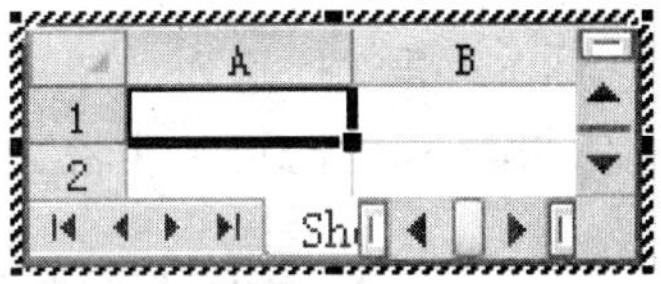

图 6-3　插入 Excel 表格

此时用户便可以使用 Excel 的相关功能来对表格进行编辑了。单击幻灯片任意位置回到 PowerPoint 正常视图状态，插入的 Excel 表格不能再进行编辑。如果想再次编辑 Excel 表格，双击插入的 Excel 表格即可回到编辑状态。

6.1.2 编辑表格

插入表格后，仍需对表格属性进行进一步的编辑，以满足设计需要。

1. 调整表格行高和列宽

在幻灯片中插入表格后，单元格的大小往往不能满足用户的实际需求，为了解决这一问题，可以对表格的行高和列宽进行调整。具体操作方法如下。

选择表格要调整大小的行或列，在“表格工具-布局”选项卡“单元格大小”选项组中即可调整行宽和列高，如图 6-4 所示。

可单击“单元格大小”选项组的微调按钮调整单元格的宽高，也可以直接输入数字。例如，将表格第一行的行高调整为 2 厘米，列宽调整为 5 厘米，效果如图 6-5 所示。

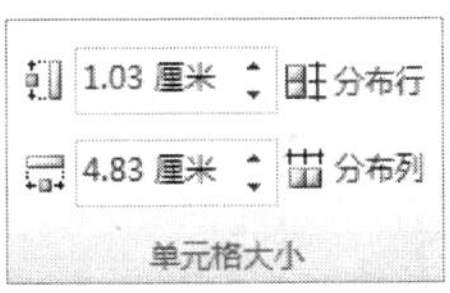

图 6-4　调整单元格大小

图 6-5　调整单元格大小后的效果

2. 表格中文字的对齐方式

从图 6-5 中可以看出，当单元格大小调整之后，文字的对齐方式变为顶端对齐，这样看起来不是很美观，这时，可以设置表格内文字的对齐方式。具体操作方法如下：选择调整文字对齐方式的行或列，单击“表格工具-布局”选项卡“对齐方式”选项组中的“居中”按钮和“垂直居中”按钮即可，如图 6-6 所示。

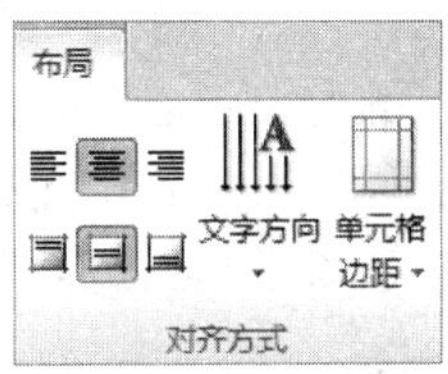

图 6-6　调整表格中文字的对齐方式

3. 插入或删除行和列

在幻灯片中插入表格后，如果表格的行数或列数过多或过少而不能满足用户的设计要求，就需要删除或插入行与列。

（1）插入行和列

将光标定位到“姓名”单元格，如图 6-7 所示。

姓名	性别	出生日期	民族	籍贯

图 6-7 定位光标

在“表格工具-布局”选项卡中的“行和列”选项组中进行插入行、列的操作，如图 6-8 所示。

1）在上方插入：在光标所在位置上方插入一行单元格。

2）在下方插入：在光标所在位置下方插入一行单元格。

3）在左侧插入：在光标所在位置左侧插入一列单元格。

4）在右侧插入：在光标所在位置右侧插入一列单元格。

（2）删除行和列

将光标定位到“姓名”单元格，单击“表格工具-布局”选项卡“行和列”选项组中的“删除”下拉按钮，弹出的下拉列表如图 6-9 所示。

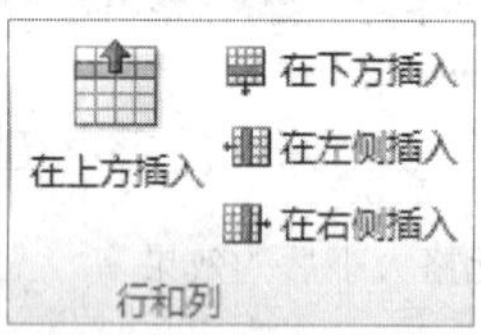

图 6-8 “行和列”选项组

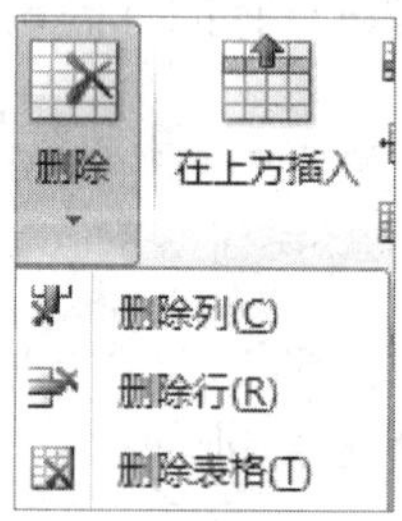

图 6-9 “删除”下拉列表

1）删除列：删除光标所在列。

2）删除行：删除光标所在行。

3）删除表格：删除整个表格。

4. 合并、拆分单元格

1）合并单元格是指将多个单元格合并为一个单元格，此操作多用于表格的标题栏。

具体操作方法如下：选中要合并的单元格，单击“表格工具-布局”选项卡“合并”选项组中的“合并单元格”按钮即可，合并后的效果如图 6-10 所示。

学生基本信息统计表				
姓名	性别	出生日期	民族	籍贯

图 6-10　合并单元格

2）拆分单元格是将一个单元格拆分成多个单元格。下面以制作成绩表为例来介绍拆分单元格的具体操作方法。

① 插入一个 5 行 7 列的表格，将第一行最后 3 个单元格合并，如图 6-11 所示。

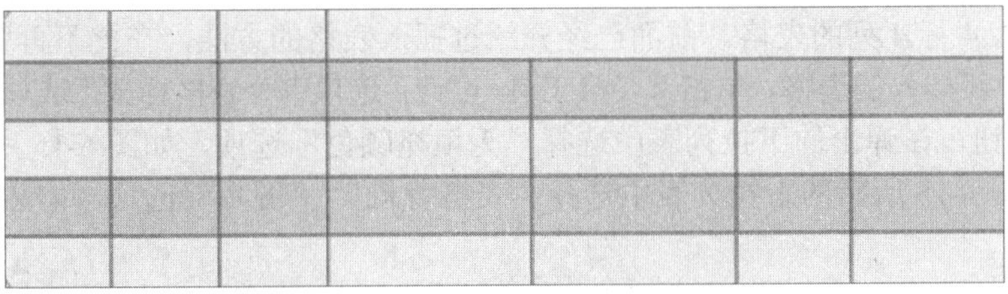

图 6-11　合并单元格后的效果

② 选中第一行最后一个单元格，单击“表格工具-布局”选项卡“合并”选项组中的“拆分单元格”按钮，弹出“拆分单元格”对话框，如图 6-12 所示。

③ 重复第②步的操作，将表格进一步拆分成图 6-13 所示的单元格，并输入文字。

图 6-12　“拆分单元格”对话框

科目	姓名	学号	成绩			
			平时	期中	期末	总成绩

图 6-13　拆分单元格效果

6.1.3　美化表格

表格制作完成后，通常要进行一定的装饰，以使表格看起来更加美观，更符合用户的设计需要，并能与其他幻灯片保持风格一致。

1. 设置表格样式

PowerPoint 2010 提供了多种表格样式供用户选择，以满足用户不同的需求，具体操作方法如下：选中要修改样式的表格，在“表格工具-设计”选项卡中的“表格样式”选项组中对表格样式进行修改，如图 6-14 所示。

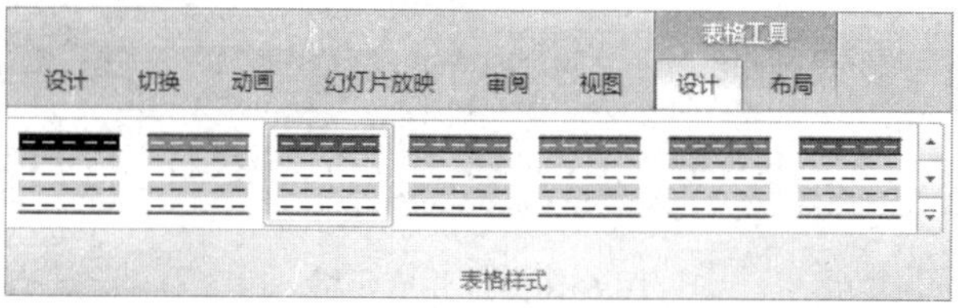

图 6-14 “表格样式”选项组

2. 为表格添加背景图片

能为表格添加自己喜欢的背景图片吗？答案当然是肯定的。具体操作方法如下。

1）插入 4 行 4 列的表格。前面已经介绍过插入表格的方法，在此不再赘述。

2）选中新插入的表格，单击“表格工具-设计”选项卡“表格样式”选项组中的“底纹”下拉按钮，在弹出的下拉列表中选择“无填充颜色”选项，如图 6-15 所示。

3）在图 6-15 所示的下拉列表中选择“表格背景”|“图片”选项，如图 6-16 所示。

图 6-15 设置表格为无填充颜色

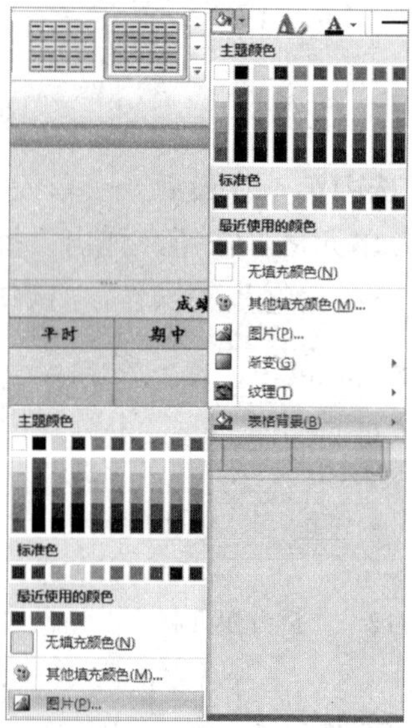

图 6-16 为表格插入背景图片

4）在弹出的“插入图片”对话框中选择要作为表格背景的图片，单击“插入”按钮即可。

3. 设置表格效果

在 PPT 中还可以为单元格设置凹凸效果、阴影、映像等效果，具体操作方法如下。

选择要设置效果的单元格，单击“表格工具-设计”选项卡“表格样式”选项组中的“效果”下拉按钮，弹出的下拉列表如图 6-17 所示。在“单元格凹凸效果”“阴影”“映像”中可为选中的单元格添加立体凹凸效果、阴影效果和映像效果。

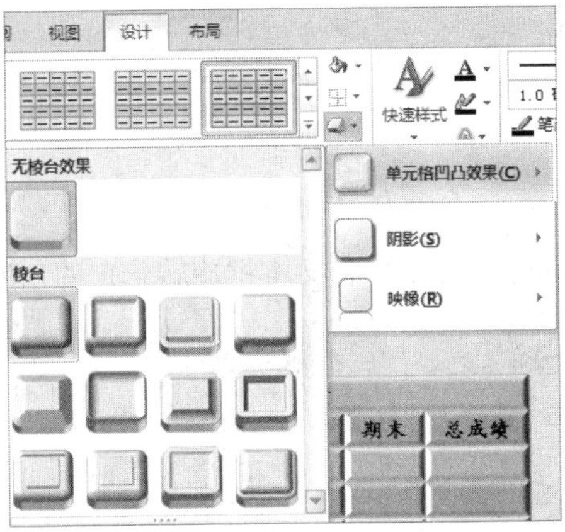

图 6-17　设置凹凸效果

6.1.4　表格应用实例

1. 制作带斜线表头的表格

在实际应用中，经常需要使用带斜线表头的表格，使用 PPT 就可以制作出这样的表格。下面以制作班级成绩表为例来介绍制作带斜线表头表格的操作方法。

1）先插入一个 5 行 4 列的表格，然后单击“插入”选项卡“插图”选项组中的“形状”下拉按钮，在弹出的下拉列表中选择“线条”中的“直线”选项，如图 6-18 所示。

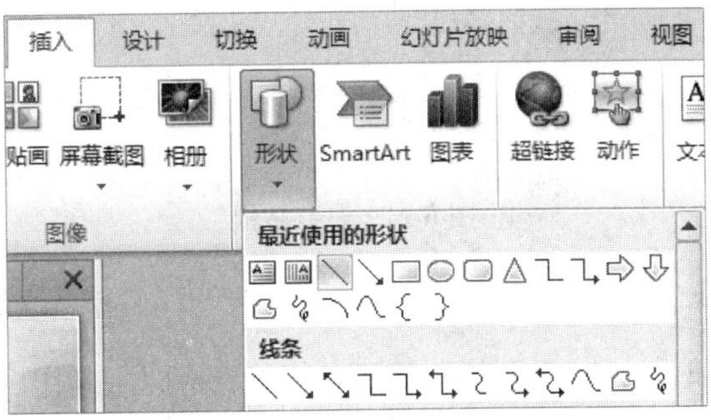

图 6-18　选择“直线”选项

2）在表头相应位置绘制斜线，然后单击“绘图工具-格式”选项卡“形状样式”选项组中的“形状轮廓”下拉按钮，在弹出的下拉列表中设置斜线的颜色和粗细，效果如图 6-19 所示。

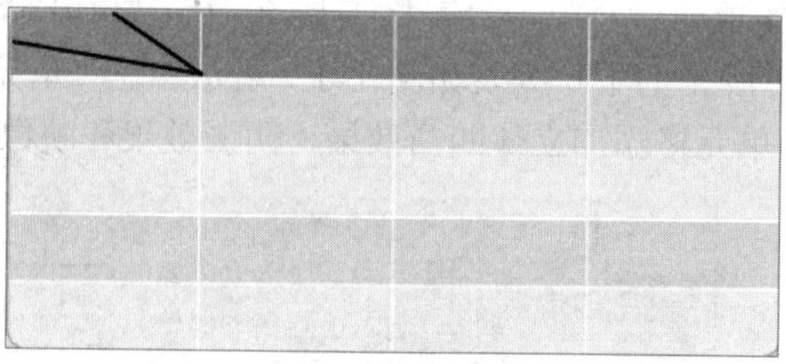

图 6-19　表头加入斜线

3）插入横排文本框并输入文字，将文本框旋转一定的角度，如图 6-20 所示。

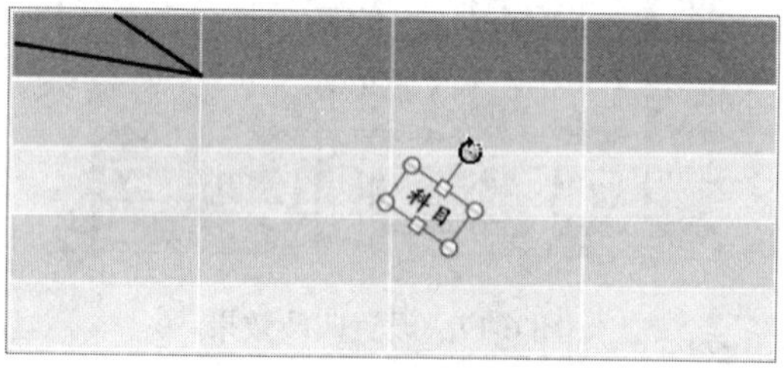

图 6-20　添加文字

4）将文字移至表头相应位置，使用同样的方法再添加两个文本框，并输入其他单元格的内容，最终效果如图 6-21 所示。

成绩统计表

科目 平均分 班级	数学	语文	英语
一班	75	78	80
二班	79	76	83
三班	82	78	80
四班	85	79	78

图 6-21　最终效果

2. 制作日历表格

在制作 PPT 课件时，有时需要加入日历，使用表格即可制作出精美的日历效果，下面介绍具体的制作方法。

1）插入一个 7 行 7 列的表格。

2）选中表格第一行并合并单元格，将行高设置为 2 厘米，如图 6-22 所示。

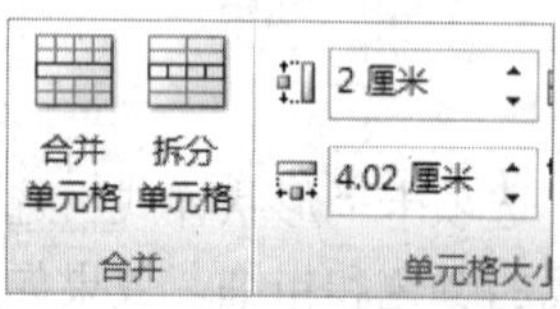

图 6-22　设置行高

3）修改背景颜色，并输入文字“三月”，修改文字大小、对齐方式，效果如图 6-23 所示。

4）在第二行单元格中输入星期，在其余单元格中输入日期，包含上个月日期的单元格且文字颜色改为灰色，效果如图 6-24 所示。

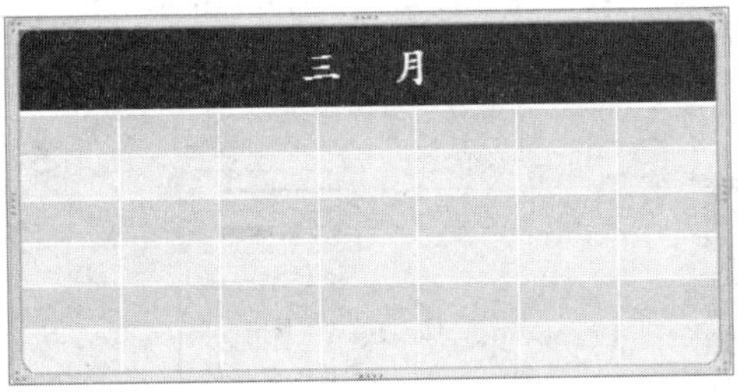

图 6-23 日历第一行的最终效果

图 6-24 输入星期、日期

5）在包含日期的单元格数字下方输入农历、节日、节气等，并调整字体大小，使其略小于日期，效果如图 6-25 所示。

6）将光标定位到最右侧一列的任意单元格，单击“表格工具-布局”选项卡“行和列”选项组中的“在右侧插入”按钮，在表格最右侧插入一列单元格。

7）选中新插入的一列，并将该列合并成一个单元格，然后将单元格拆分成 1 列 10 行的单元格，并将列宽设置为 5 厘米，输入文字“备忘录”。最终效果如图 6-26 所示。

图 6-25 日历雏形

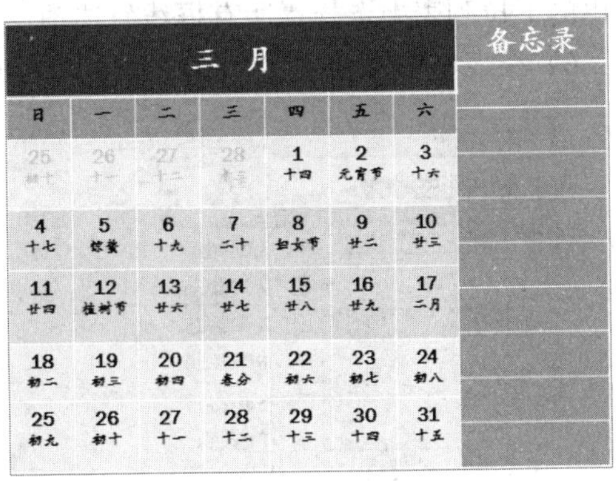

图 6-26 日历表格最终效果

3. 制作具有特殊排版风格的表格

在 PowerPoint 中，不仅可以制作出传统样式的表格，还能制作出很多风格不一样的表格。下面介绍一种具有特殊排版风格的表格制作方法。

1）插入一个 3 行 4 列的表格。

2）选中表格第一行并合并单元格，将行高设置为 1.5 厘米，然后单击“表格工具-

设计”选项卡“表格样式”选项组中的“底纹”下拉按钮，在弹出的下拉列表中修改单元格背景色为深绿色。

3）设置第二行单元格的行高为 2.5 厘米，背景色为浅绿色；第三行单元格的行高为 7 厘米，效果如图 6-27 所示。

4）选中整个表格，在“表格工具-设计”选项卡“绘图边框”选项组中将“笔划粗细”设置为 6.0 磅，如图 6-28 所示。

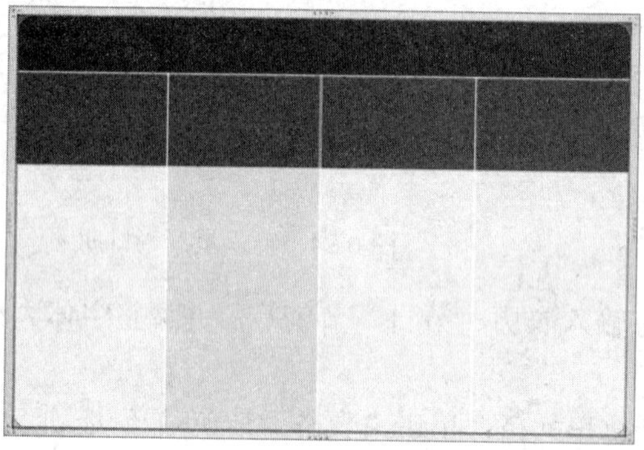

图 6-27　设置行高和背景色后的效果

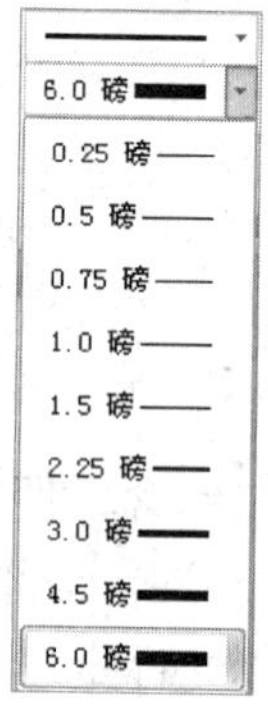

图 6-28　设置笔划粗细

5）单击“表格工具-设计”选项卡“表格样式”选项组中的“边框”下拉按钮，在弹出的下拉列表中选择“所有框线”选项，如图 6-29 所示。

6）在表格中输入文字，最终效果如图 6-30 所示。

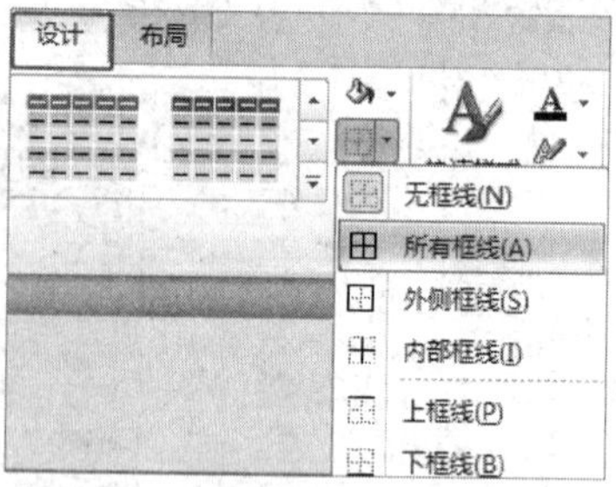

图 6-29　设置表格样式

图 6-30　具有特殊排版风格的表格

6.2　在 PPT 课件中插入图表

PowerPoint 2010 提供了图表功能，图表是数据的一种可视化形式，图表可以使数据更具有层次性和条理性，便于用户更加直观清晰地分析、比较数据，同时也使 PPT 课件更加美观。

6.2.1　插入图表

PowerPoint 2010 提供了 11 类共 70 多种图表形式，这里以柱形图中的簇状柱形图为例来讲解图表的插入、属性设置及美化等操作。下面先来学习一下插入图表的方法。

1. 插入图表并选择图表类型

单击“插入”选项卡“插图”选项组中的“图表”按钮，如图 6-31 所示，在弹出的“插入图表”对话框左侧选择图表类型，在右侧选择具体的图表，如图 6-32 所示。单击“确定”按钮，即可插入所选的图表。

图 6-31　“图表”按钮

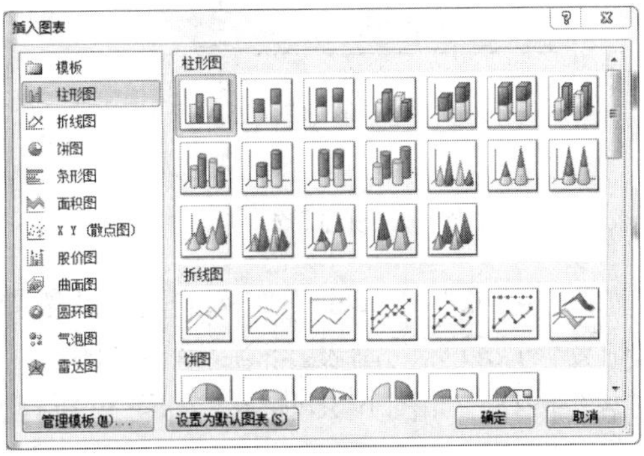

图 6-32　“插入图表”对话框

2. 修改图表类型

如果想修改插入图表的样式，可单击“图表工具-设计”选项卡“类型”选项组中的“更改图表类型”按钮，在弹出的如图 6-33 所示的“更改图表类型”对话框中重新选择图表样式。

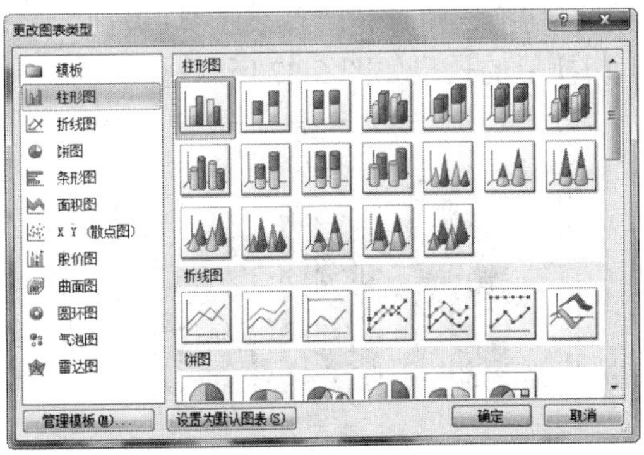

图 6-33　“更改图表类型”对话框

3. 编辑数据

插入图表的同时，会自动打开一个 Excel 工作簿，在其中可进行数据编辑，数据会直接在插入的图表中显示出来，如图 6-34 和图 6-35 所示。

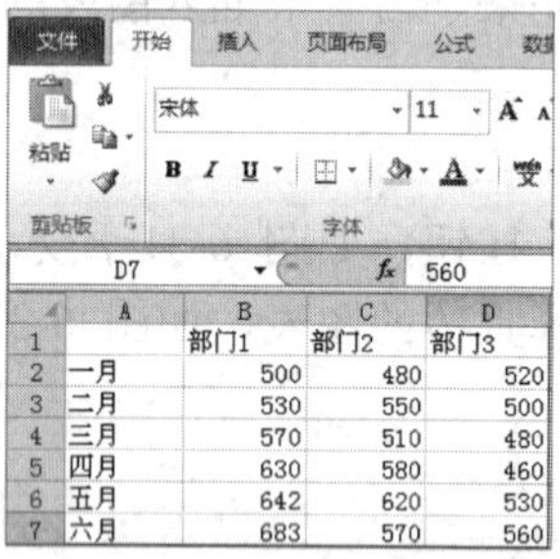

图 6-34 Excel 工作簿

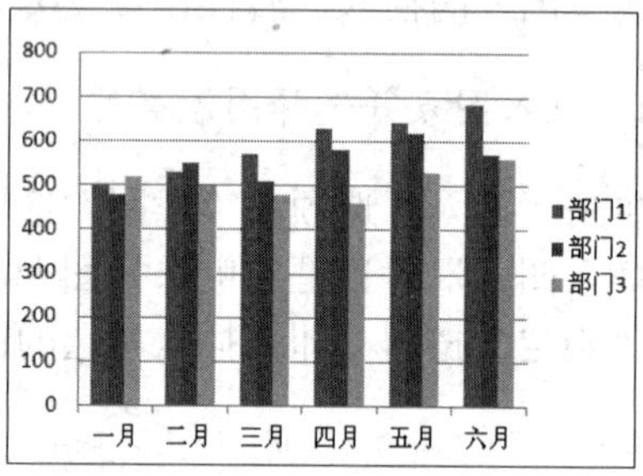

图 6-35 幻灯片中图表的显示

4. 重新打开 Excel 工作簿

如果不小心将 Excel 工作簿关闭了或需要重新打开 Excel 工作簿来修改数据，需要先选中要修改数据的图表，然后单击“图表工具-设计”选项卡“数据”选项组中的“编辑数据”按钮，如图 6-36 所示，即可重新打开 Excel 工作簿进行数据编辑。

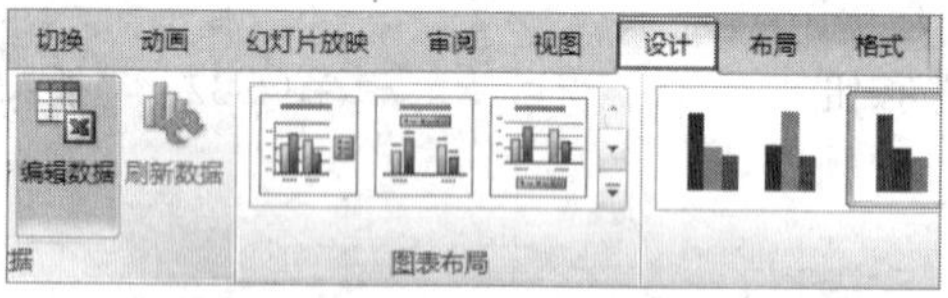

图 6-36 单击“编辑数据”按钮

5. 切换行/列

要对图表的行和列进行切换，可单击“图表工具-设计”选项卡“数据”选项组中的“切换行/列”按钮，切换后的效果如图 6-37 所示。

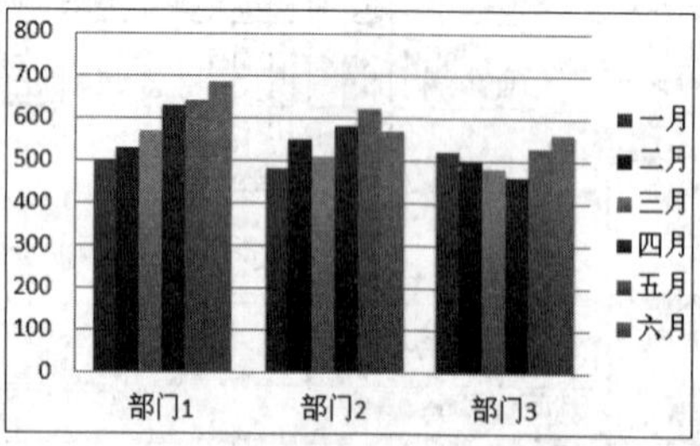

图 6-37 切换行/列后的效果

提示：如果“切换行/列”按钮不可用，可单击“图表工具-设计”选项卡“数据”选项组中的“编辑数据”按钮，打开 Excel 工作簿，此时“切换行/列”按钮被激活。

6.2.2　设置图表属性

图表插入完成后，还可以对其属性进行进一步的设置。

1．添加图表标题

要为插入的图表添加标题，可单击“图表工具-布局”选项卡“标签”选项组中的“图表标题”下拉按钮，在弹出的下拉列表中选择图表标题的位置，如图 6-38 所示。

1）无：不显示图表标题。

2）居中覆盖标题：图表标题相对图表居中显示，并覆盖在图表上。

3）图表上方：图表标题在图表上方显示，不覆盖在图表上。

选择“图表上方”选项后的效果如图 6-39 所示。

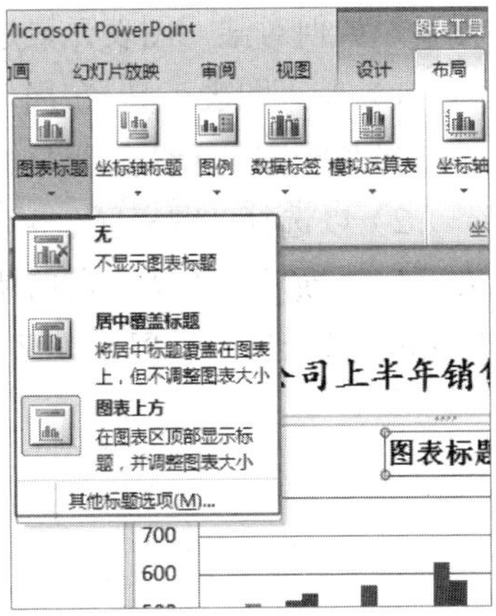

图 6-38　“图表标题”下拉列表

4）选择“其他标题选项”选项，可在弹出的“设置图表标题格式”对话框中为加入的图表标题设置不同的格式，可设置图表标题的填充效果、边框颜色、边框样式、阴影效果、发光和柔化边缘效果、三维格式及对齐方式等，如图 6-40 所示。

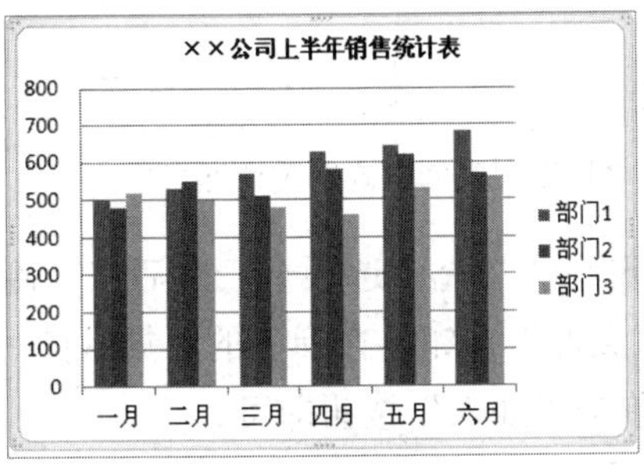

图 6-39　加入图表标题后的效果

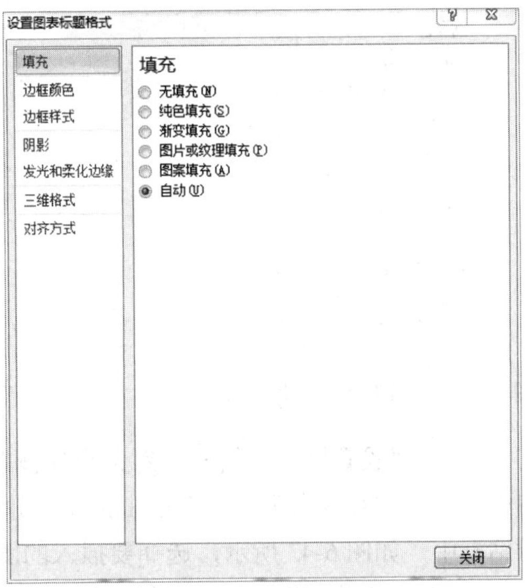

图 6-40　“设置图表标题格式”对话框

“标签”选项组中的其他命令可用来对坐标轴、图例、数据标签、模拟运算表进行设置，这里不再一一细述，请读者自行练习。

2. 快速设置图表元素的内容格式

图表中除了图表标题之外，还包括坐标轴、绘图区、图表区、图例、系列、类别等元素，如何对某一图表元素进行统一的格式设置呢？下面介绍具体的操作方法。

1）在“图表工具-布局”选项卡“当前所选内容”选项组中的“图表区”下拉列表中选择某一图表元素进行格式设置，如图 6-41 所示。

2）以选择“图表区”选项为例，下面介绍为图表区设置图片背景的方法。选择“图表区”选项后，单击“当前所选内容”选项组中的“设置所选内容格式”按钮，弹出如图 6-42 所示的“设置图表区格式”对话框（所选元素不同，对话框内容稍有差异）。

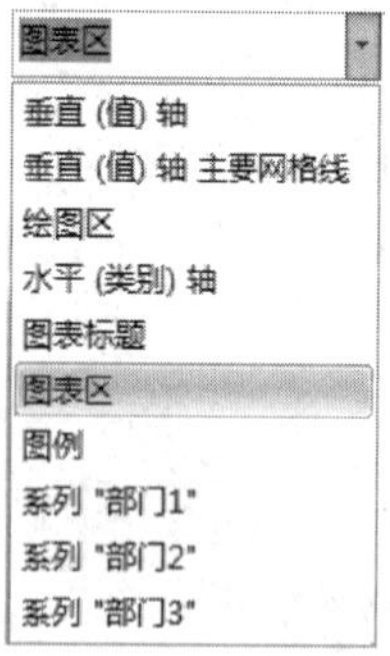

图 6-41 “图表区”下拉列表

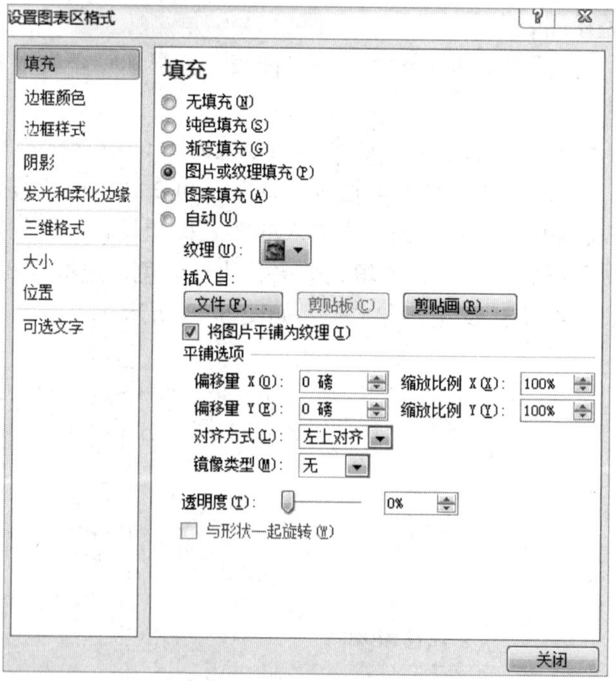

图 6-42 “设置图表区格式”对话框

3）在“设置图表区格式”对话框左侧窗格中选择“填充”选项卡，然后在右侧窗格中选中“图片或纹理填充”单击按钮，并单击“文件”按钮，在弹出的“插入图片”对话框中，如图 6-43 所示，选择要插入的图片，单击“插入”按钮即可。

4）单击“关闭”按钮，最终效果如图 6-44 所示。

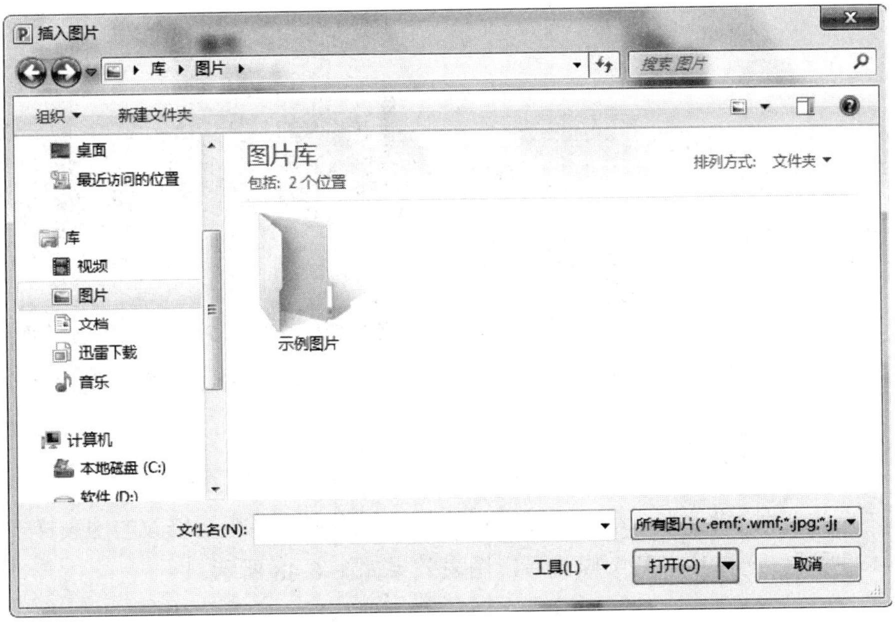

图 6-43　“插入图片”对话框

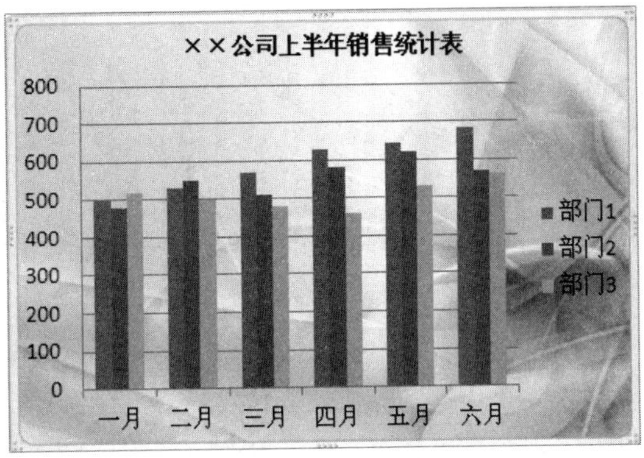

图 6-44　图表区设置背景的最终效果

3. 修改图表布局

如果对系统默认的图表布局格式不满意，或其不能达到设计要求，可对其进行修改，具体方法如下。

1）选中要修改的图表，在“图表工具-设计”选项卡“图表布局”选项组中选择想要修改的布局样式即可，如图 6-45 所示。

2）这里选择“布局 5”选项，修改图表布局后的效果如图 6-46 所示。

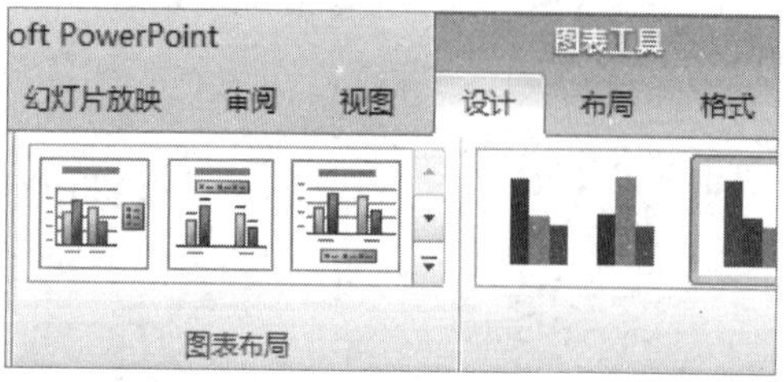

图 6-45　修改图表布局

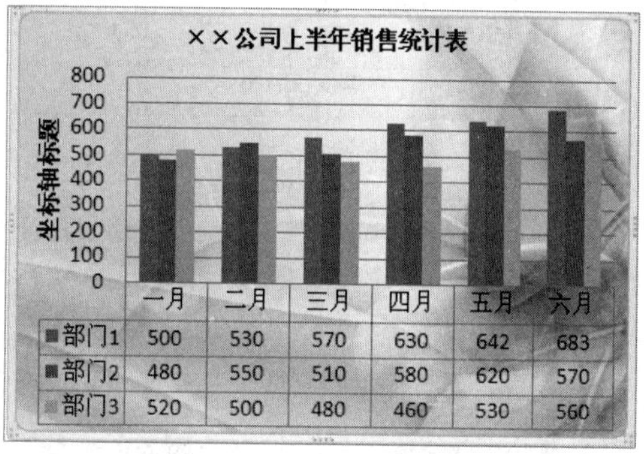

图 6-46　修改图表布局后的效果

4. 修改图表样式

在“图表工具-设计”选项卡“图表样式”选项组中选择想要修改的图表样式即可，如图 6-47 所示。选择其中某一样式后，图表效果如图 6-48 所示。

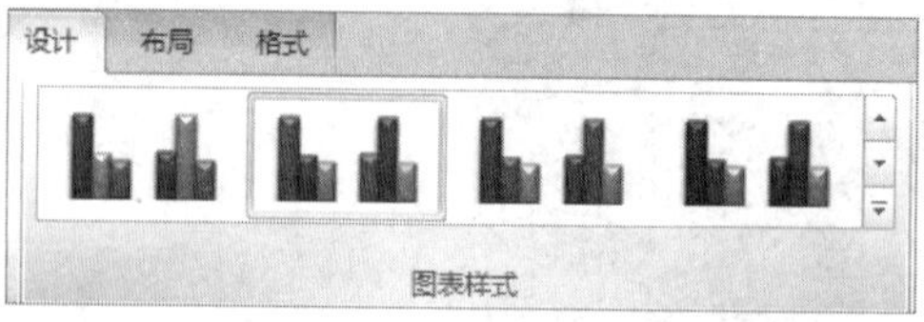

图 6-47　修改图表样式

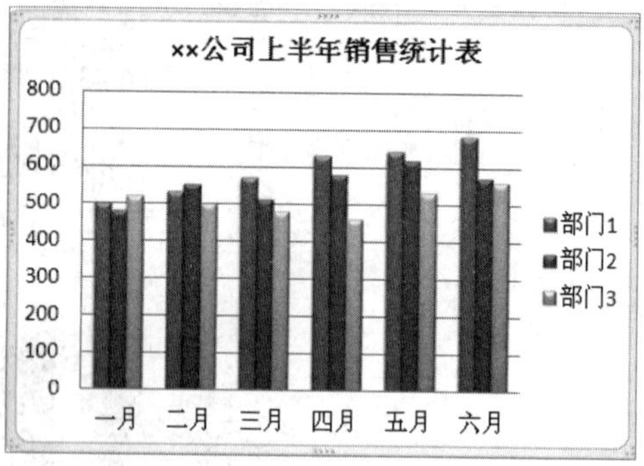

图 6-48　修改图表样式后的效果

6.2.3　图表应用实例

本节将通过实例介绍折线图及饼图的制作方法。

1. 使用折线图制作“某商场上半年电子产品销售统计表”

（1）插入折线图

单击“插入”选项卡“插图”选项组中的“图表”按钮，在弹出的“插入图表”对话框左侧窗格中选择“折线图”类型，在右侧窗格中选择“带数据标记的折线图”选项，如图 6-49 所示，单击“确定”按钮即可。

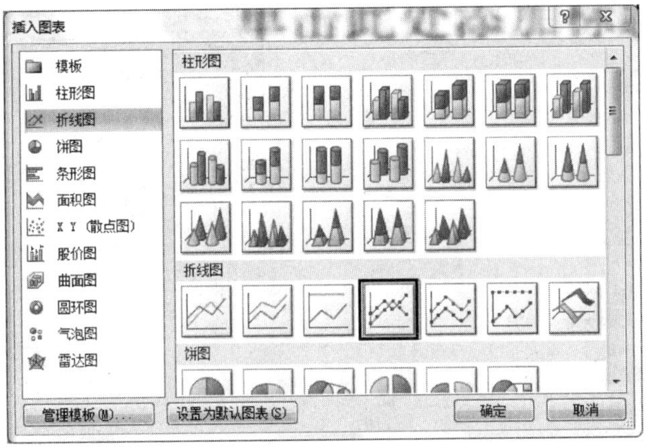

图 6-49　插入折线图

（2）在 Excel 表中输入销售产品及销售数量

在打开的 Excel 工作簿中输入数据，其中设置“类别”分别为一月、二月、三月、四月、五月、六月，设置“系列”分别为点读机、平板电脑、复读机，如图 6-50 所示。

（3）修改图表布局和图表样式

在“图表工具-设计”选项卡“图表布局”选项组中为折线图选择“布局 9”选项，并选择“图表样式”选项组中的“样式 10”选项，效果如图 6-51 所示。

A	B	C	D
	点读机	平板电脑	复读机
一月	260	200	100
二月	220	350	80
三月	350	420	120
四月	270	450	150
五月	320	400	200
六月	350	450	270

图 6-50　输入数据

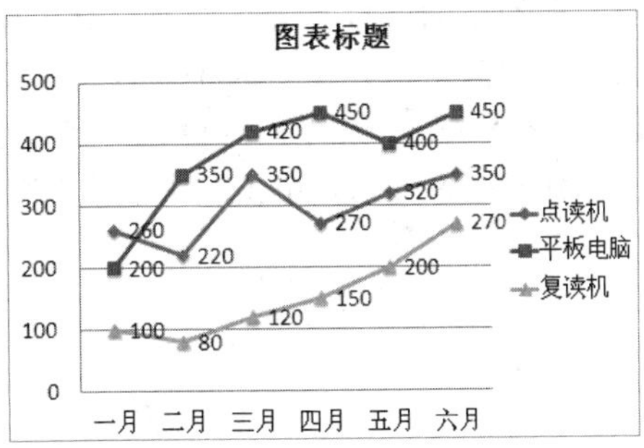

图 6-51　修改图表布局和样式

（4）设置数据标签格式

为了使折线图中的数据更加清晰明了，可以重新对数据标签的格式进行设置。具体操作方法如下。

1）右击要进行设置的数据标签，在弹出的快捷菜单中选择“设置数据标签格式”选项，如图 6-52 所示。

2）在弹出的“设置数据标签格式”对话框中选择“标签选项”选项卡，在“标签包括”选项组中选中“值”复选框，在“标签位置”选项组中选中“居中”单选按钮，如图 6-53 所示。其余两个系列也进行同样的设置。

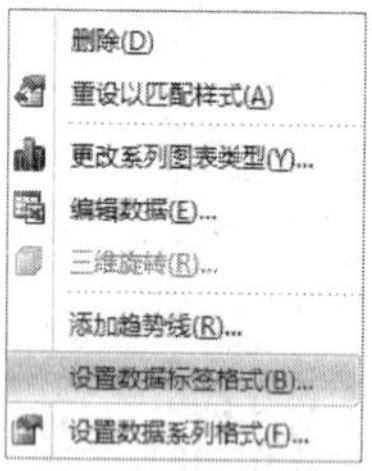

图 6-52　选择“设置数据标签格式”选项

图 6-53　“设置数据标签格式”对话框

（5）设置数据系列格式

为了使折线图中的数据系列样式更加美观、醒目，可对数据系列格式进行设置，具体操作方法如下。

1）右击要进行设置的数据系列，在弹出的快捷菜单中选择“设置数据系列格式”选项，如图 6-54 所示。

2）在弹出的“设置数据系列格式”对话框中选择“数据标记选项”选项卡，选中“内置”单选按钮，并将“大小”设置为 25；在“数据标记填充”选项卡中，选中“渐变填充”单选按钮；在“三维格式”选项卡中，在“顶端”下拉列表中选择“松散嵌入”样式，如图 6-55 所示。单击“关闭”按钮。

图 6-54　选择“设置数据系列格式”选项

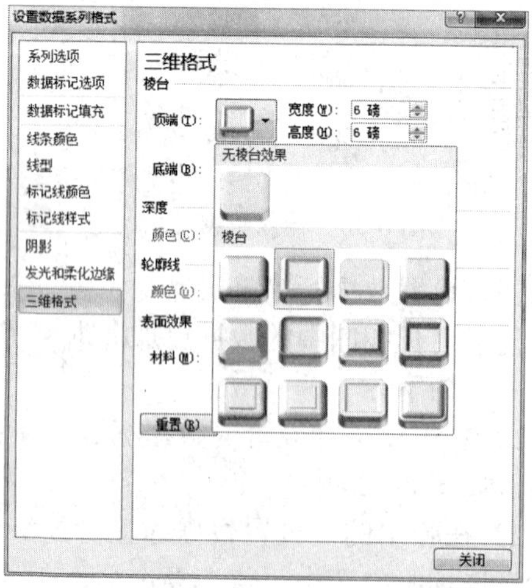

图 6-55　“设置数据系列格式”对话框

其余数据系列根据设计需要在“设置数据系列格式”对话框中进行相应的设置。输入图表标题，最终效果如图 6-56 所示。

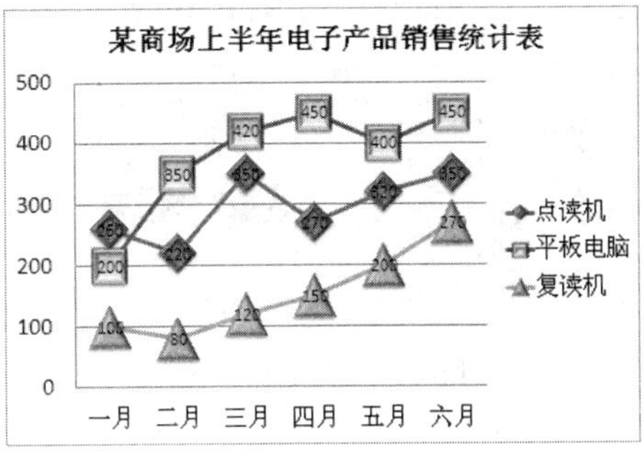

图 6-56　折线图的最终效果

2. 使用饼图制作“某学校教师职称结构”

仅排列在工作表的一列或一行中的数据可以绘制到饼图中。饼图中只有一个数据系列，一般用来统计分项数据占总体数据的百分比。

下面以“某学校教师职称结构”为例来介绍饼图的制作方法。

（1）插入饼图

单击“插入”选项卡“插图”选项组中的“图表”按钮，弹出“插入图表”对话框，在左侧窗格中选择“饼图”类型，在右侧窗格中选择“三维饼图”选项，如图 6-57 所示。单击“确定”按钮，在幻灯片中插入饼图。

（2）输入数据

在 Excel 工作簿中输入数据，如图 6-58 所示。输入数据后，将 Excel 工作簿关闭。

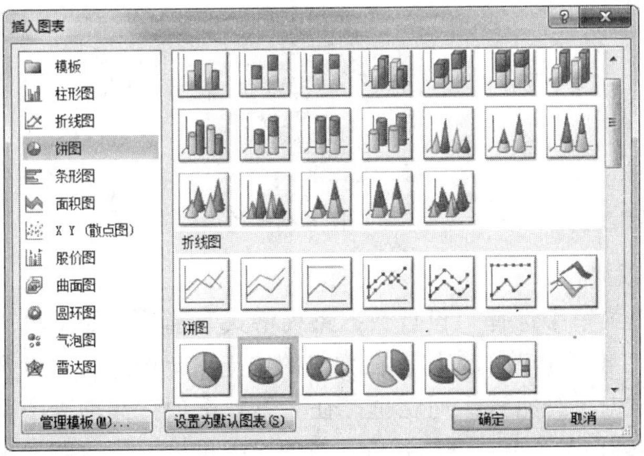

图 6-57　插入饼图

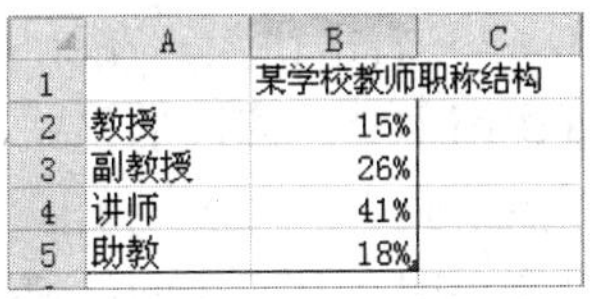

	A	B	C
1		某学校教师职称结构	
2	教授	15%	
3	副教授	26%	
4	讲师	41%	
5	助教	18%	

图 6-58　为饼图输入数据

（3）修改图表格式

在“图表工具-设计”选项卡“图表布局”选项组中选择“布局 6”选项，在“图表样式”选项组中选择“样式 2”选项即可，如图 6-59 所示。

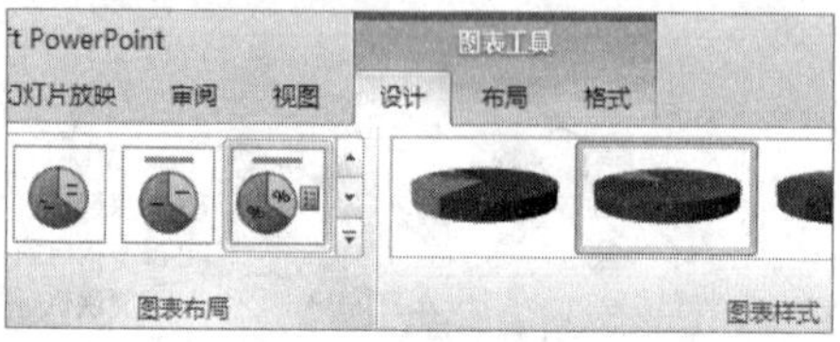

图 6-59　修改图表格式

（4）调整饼图高度

如果觉得饼图默认的高度过高或过低，可以手动进行调节，操作方法如下：右击图表边框（注意：是整个图表的边框，而不是饼图内部的数据系列），在弹出的快捷菜单中选择“设置图表区域格式”选项，如图 6-60 所示。

在弹出的“设置图表区格式”对话框中选择“三维旋转”选项卡，取消选中“自动缩放”复选框，在“高度（原始高度百分比）”文本框中输入 120，如图 6-61 所示，单击“关闭”按钮，饼图的高度即可增加。

图 6-60　选择“设置图表区域格式”选项

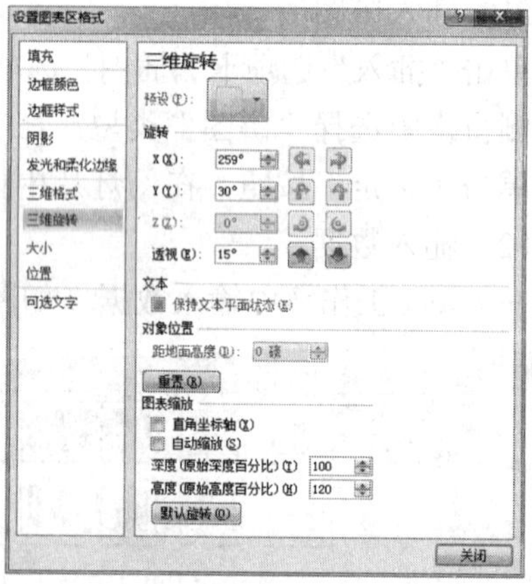

图 6-61　修改饼图高度

（5）为饼图添加三维和光照效果

1）右击饼图，在弹出的快捷菜单中选择“设置数据系列格式”选项（如果只想设置饼图中某一扇区的格式，可只右击要修改的扇区，在弹出的快捷菜单中选择“设置数据点格式”选项），弹出“设置数据系列格式”对话框。在“系列选项”选项卡中可以设置饼图在 0°～360°范围内旋转，在“饼图分离程度”选项组中可设置将饼图按扇区分离成独立的个体，读者可根据设计需要进行设置。

2）在“三维格式”选项卡中的“棱台”选项组中设置“顶端”为圆，“宽度”和“高度”均为 10 磅，如图 6-62 所示。“底端”作同样的设置。在“表面效果”选项组中设置“材料”为金属效果，为饼图添加金属质感及光照效果。

图 6-62　设置饼图的三维格式

（6）添加阴影效果

为了增强饼图的立体感，可以添加阴影效果，在“设置数据系列格式”对话框中选择“阴影”选项卡，在右侧窗格中设置“颜色”为黑色、“透明度”为 80%、“大小”为 100%、“虚化”为 6 磅，如图 6-63 所示。

（7）设置数据格式

调整饼图上数据的字体为 Arial Black、颜色为白色，最终效果如图 6-64 所示。

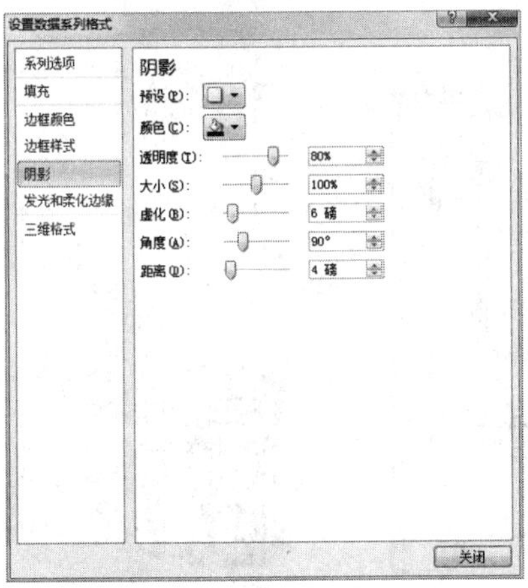

图 6-63　设置阴影效果

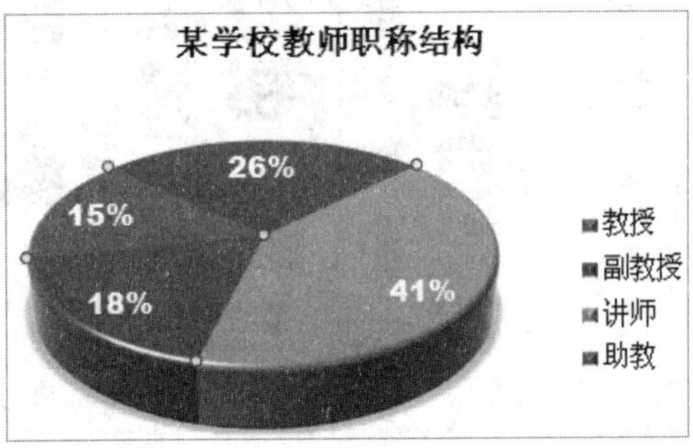

图 6-64　饼图的最终效果

6.3 在 PPT 课件中插入 SmartArt 图形

SmartArt 图形是从 Office 2007 开始增加的新特性，它是信息和观点的视觉表示形式。通过为课件添加列表、流程、循环、层次结构、关系、矩阵、棱锥图、图片等多种不同的图形可以快速、轻松、有效地传达信息。本节主要介绍在课件中插入、设置及美化 SmartArt 图形的方法。

6.3.1 插入 SmartArt 图形

1）单击“插入”选项卡“插图”选项组中的“SmartArt”按钮，如图 6-65 所示，弹出“选择 SmartArt 图形”对话框。

图 6-65　插入 SmartArt 图形操作

2）SmartArt 图形共有 8 类，在“选择 SmartArt 图形”对话框的左侧窗格中选择图形类型，在中间窗格中选择图示，每选择一个图示，右侧窗格中会显示选中图示的放大图、名称及作用，如图 6-66 所示。

3）选择一种 SmartArt 图形，单击“确定”按钮，即可在幻灯片中插入一个 SmartArt 图形，如图 6-67 所示。

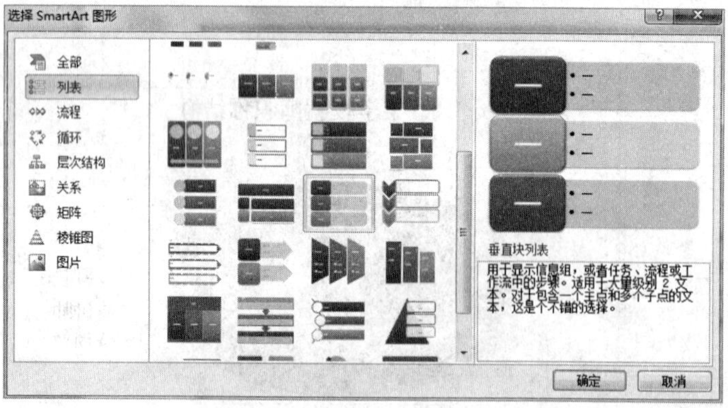

图 6-66　“选择 SmartArt 图形”对话框

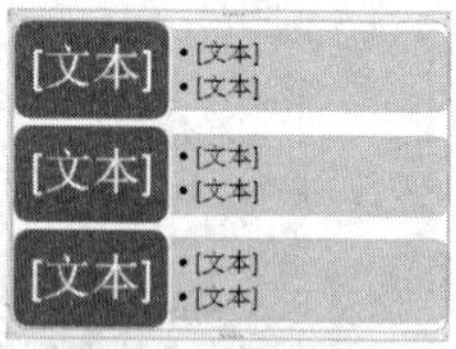

图 6-67　插入 SmartArt 图形

6.3.2　设置 SmartArt 图形

插入 SmartArt 图形后，可通过“SmartArt 工具-设计”和“SmartArt 工具-格式”两个选项卡对插入的 SmartArt 图形进行设置。

1. “设计”选项卡

1）“创建图形”选项组：设置 SmartArt 图形的形状，单击“添加形状”下拉按钮，在弹出的下拉列表中可为 SmartArt 图形添加一个形状；单击“降级”按钮，可将选中的形状降级。

2）“布局”选项组：为 SmartArt 图形选择新的图示。

3）“SmartArt 样式”选项组：为 SmartArt 图形更改颜色及样式。

2. “格式”选项卡

1）形状：更改选中形状的形状，增大或减小形状。

2）形状样式：设置形状的填充样式、轮廓颜色及效果。

6.3.3　SmartArt 图形应用实例

1. 制作目录页

在制作多媒体课件时，大家经常会因为目录页太平淡而苦恼，下面就介绍使用 SmartArt 图形快速简便地制作精美目录页的方法。

（1）插入 SmartArt 图形

单击“插入”选项卡“插图”选项组中的“SmartArt”按钮，在弹出的“选择 SmartArt 图形”对话框中，选择“列表”类型下的“垂直曲形列表”选项，如图 6-68 所示。单击“确定”按钮，插入 SmartArt 图形。

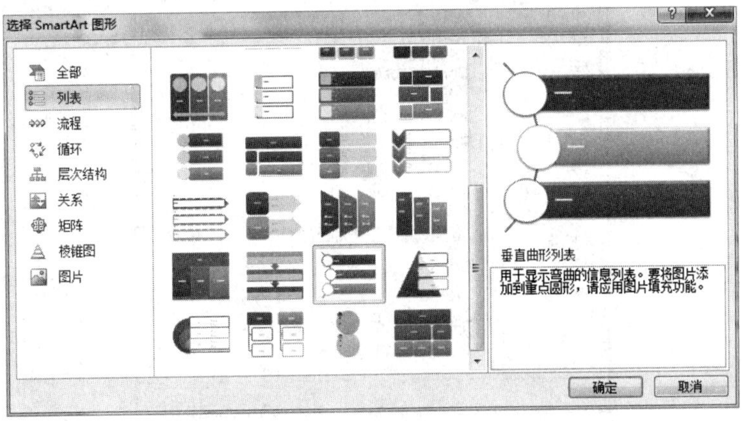

图 6-68　插入垂直曲形列表

（2）插入形状

插入的垂直曲形列表默认为 3 个形状，如果需要更多的形状，可右击其中某一个形状，在弹出的快捷菜单中选择“添加形状”|“在后面添加形状”选项（或选择“在前面添加形状”选项），如图 6-69 所示。

（3）设置形状

1）设置级别 1 形状。右击级别 1 的第一个形状，在弹出的快捷菜单中选择“设置形状格式”选项，如图 6-70 所示。

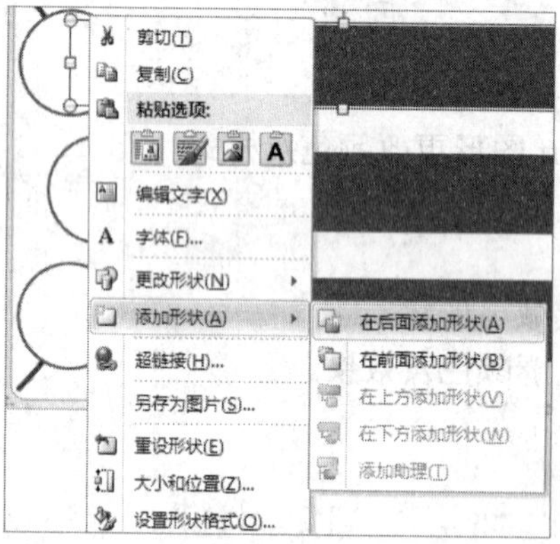

图 6-69　插入形状

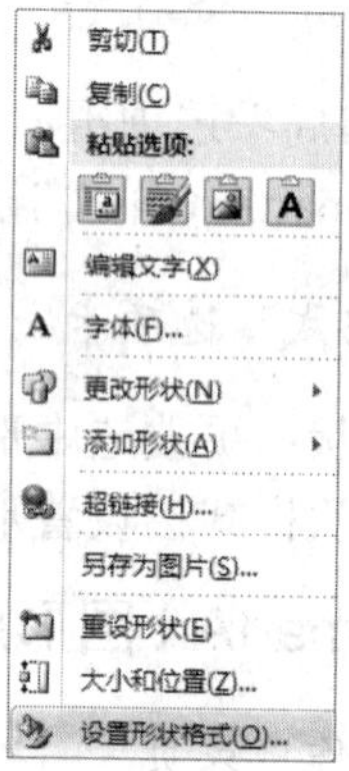

图 6-70　设置形状

在弹出的“设置形状格式”对话框中进行如下属性设置。

① 填充：选中“渐变填充”单选按钮，设置“类型”为“线性”，“渐变光圈”为 3 个，“颜色”依次为深蓝、浅蓝、白，如图 6-71 所示。

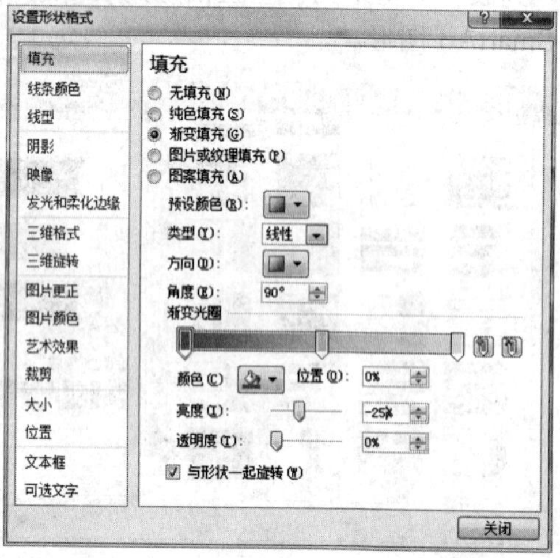

图 6-71　“填充”选项卡

② 线条颜色：选中"实线"单选按钮，并选择与填充颜色相近的颜色。

③ 三维格式：在"棱台"选项组中设置"顶端"为"松散嵌入"，"宽度"和"高度"均为 10 磅；在"表面效果"选项组中设置"材料"为"塑料效果"、"照明"为"中性"|"三点"，如图 6-72 所示。

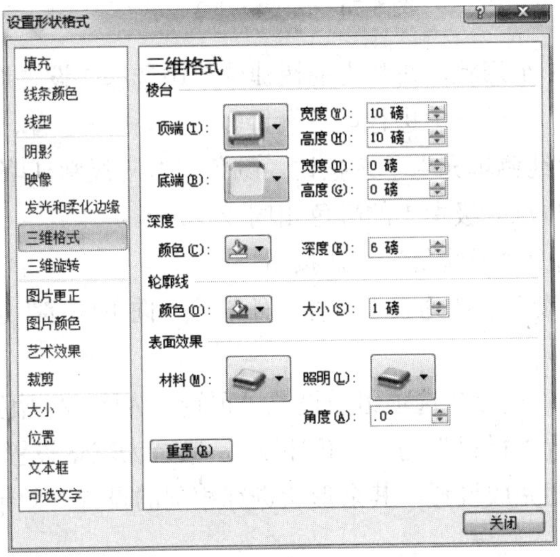

图 6-72　"三维格式"选项卡

④ 大小：设置"高度"和"宽度"均为 1.54 厘米。

单击"关闭"按钮完成设置。其余级别 1 形状均进行上述设置，只是在填充时，渐变颜色按设计需要可选择不同的颜色，本例依次选择了红、橙、绿（注意："渐变光圈"要设置一个色系的不同浓度），效果如图 6-73 所示。

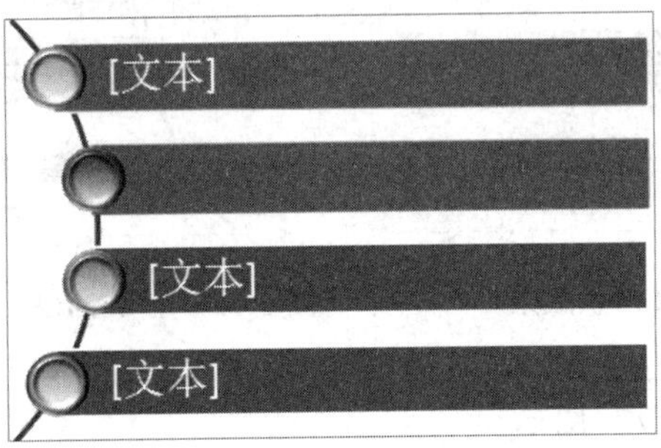

图 6-73　设置级别 1 形状效果

2）设置级别 2 形状。选中级别 2 的第 1 个形状，在"SmartArt 工具-格式"选项卡"形状"选项组中选择"更改形状"下拉列表中的"圆角矩形"选项即可，如图 6-74 所示。

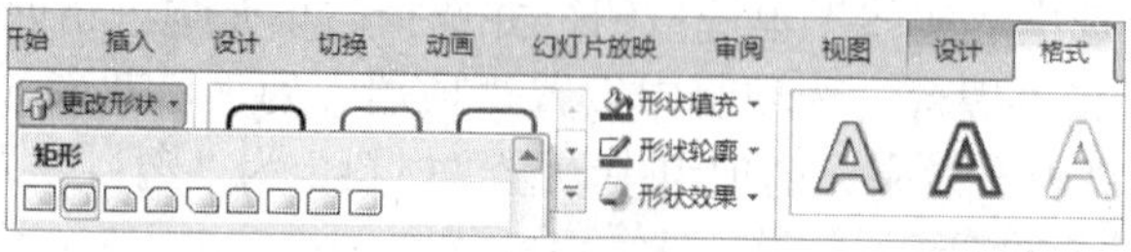

图 6-74 改变级别 2 形状

右击级别 2 的第 1 个形状，在弹出的快捷菜单中选择“设置形状格式”选项，在弹出的“设置形状格式”对话框中进行如下设置。

① 填充：选中“纯色填充”单选按钮，颜色与对应级别 1 的颜色相同或相近（其余级别 2 的形状也要与对应级别 1 的颜色相同或相近）。

② 线条颜色：选中“无线条”单选按钮。

③ 阴影：在“预设”下拉列表中选择“外部”|“向下偏移”选项，“颜色”为黑色，其余为默认设置。

④ 三维格式：在“棱台”选项组中设置“顶端”为圆、“颜色”为淡黑色，在“表面效果”选项组中设置“材料”为“暖色粗糙”，其余为默认设置。

单击“关闭”按钮完成设置，其余形状进行相同的设置，效果如图 6-75 所示。

（4）输入文字

在设置好的 SmartArt 图形中输入文字，并设置文字的字体、字号、颜色等属性，最终效果如图 6-76 所示。

图 6-75 设置级别 2 形状效果

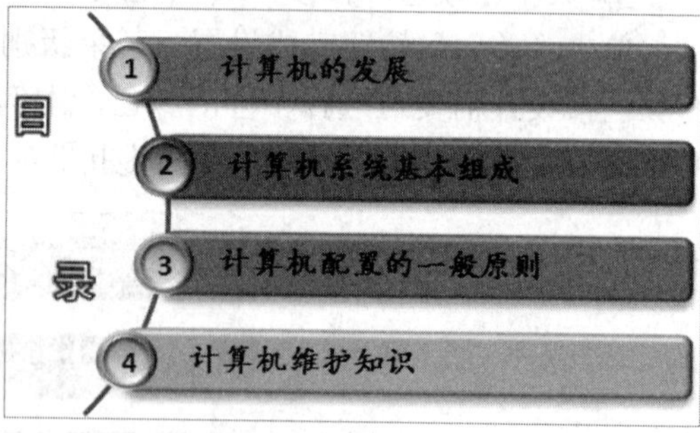

图 6-76 用 SmartArt 图形制作目录页的最终效果

2. 制作“水循环环节”图示

制作课件时利用 SmartArt 图形可以清晰、明了地将循环过程表达出来，下面以“水循环环节”为例介绍制作循环过程的方法。

（1）插入 SmartArt 图形

单击“插入”选项卡“插图”选项组中的“SmartArt”按钮，弹出“选择 SmartArt

图形”对话框，在“循环”选项卡中选择“基本循环”选项，如图 6-77 所示。单击“确定”按钮即可插入图形。

（2）修改 SmartArt 样式

在“SmartArt 工具-设计”选项卡“SmartArt 样式”选项组中选择“优雅”样式，效果如图 6-78 所示。

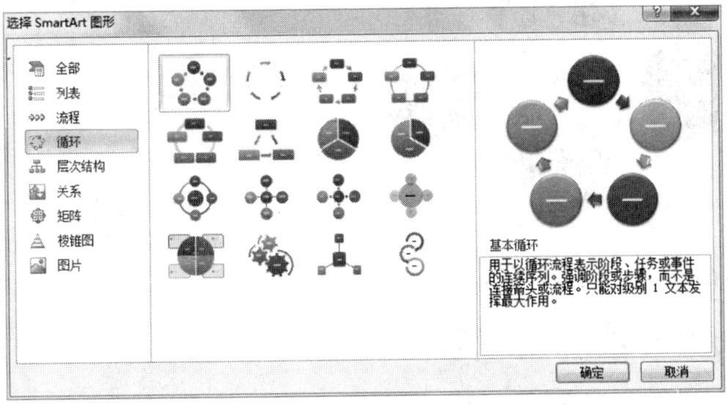

图 6-77　插入基本循环

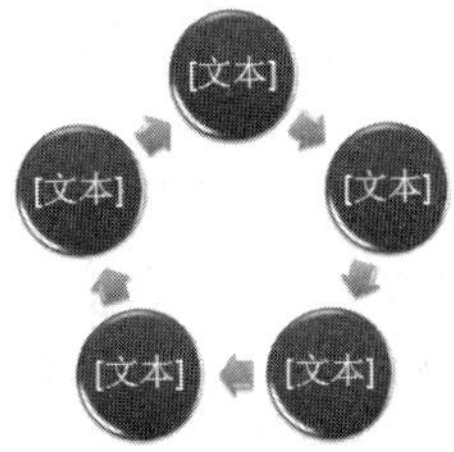

图 6-78　修改 SmartArt 样式

（3）添加/删除形状

1）当插入的 SmartArt 图形中形状数量不能满足设计需要时，可插入形状，操作方法如下：右击某一形状，在弹出的快捷菜单中选择“添加形状”|“在后面添加形状”选项即可。

2）当插入的 SmartArt 图形中形状数量多于设计需要时，可删除形状，操作方法如下：选中要删除的形状，按【Delete】键即可。

（4）插入文字

在 SmartArt 图形中心插入横排文本框，并输入文字“水循环环节”，设置文字属性为微软雅黑、24、加粗。在“SmartArt 工具-格式”选项卡“艺术字样式”选项组中选择“填充-红色，强调文字颜色 2，粗糙棱台”选项，如图 6-79 所示。

在 SmartArt 图形形状中依次输入文字“蒸发/蒸腾”“水汽输送”“降水”“地表径流”“下渗”“地下径流”，设置文字属性为微软雅黑、20、加粗。在“SmartArt 工具-格式”选项卡“艺术字样式”选项组中选择“填充-蓝色，文本，内部阴影”选项，如图 6-80 所示。

图 6-79　设置艺术字样式

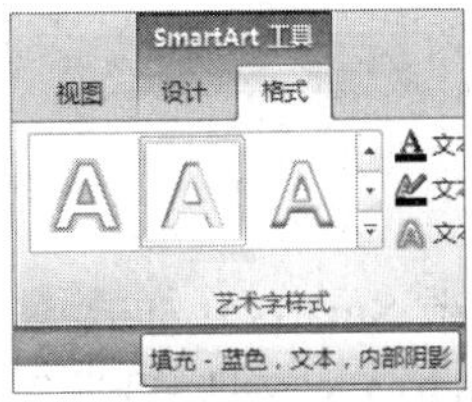

图 6-80　设置形状文字艺术字样式

最终效果如图 6-81 所示。

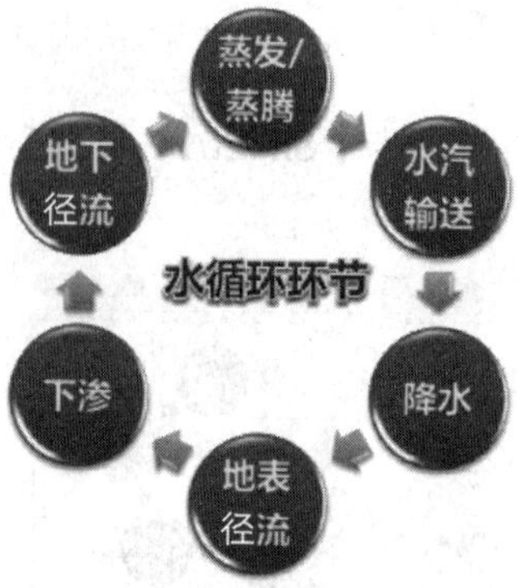

图 6-81 “水循环环节”效果图

3. 制作“计算机组成”组织结构图

通过 SmartArt 图形还可以制作出精美的组织结构图效果，下面以“计算机组成”为例介绍制作组织结构图的方法。

（1）插入 SmartArt 图形

单击“插入”选项卡“插图”选项组中的“SmartArt”按钮，弹出“选择 SmartArt 图形”对话框，在“层次结构”选项卡中选择“水平多层层次结构”选项，如图 6-82 所示。单击“确定”按钮即可插入图形。

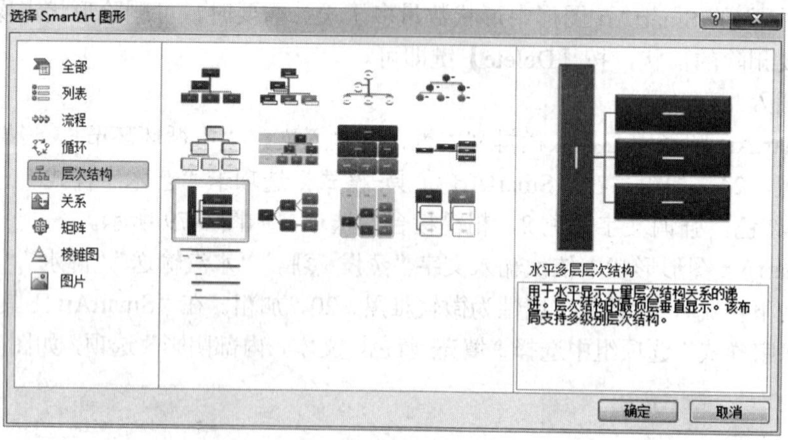

图 6-82 插入水平多层层次结构

（2）修改 SmartArt 样式

在“SmartArt 工具-设计”选项卡“SmartArt 样式”选项组中选择一种 SmartArt 样式即可，如选择“白色轮廓”样式，如图 6-83 所示。

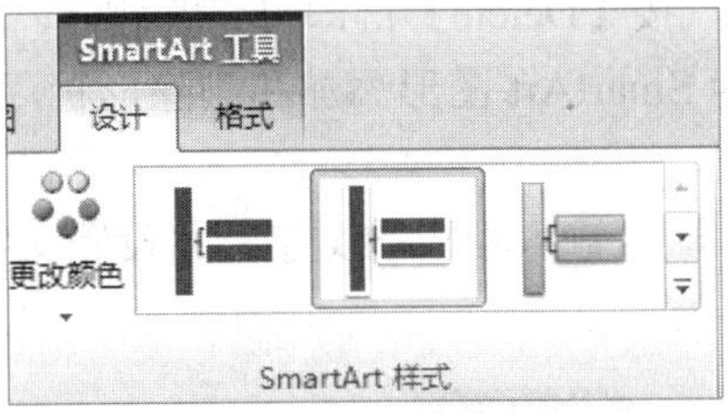

图 6-83　修改 SmartArt 样式

（3）添加/删除形状

1）右击第 1 个形状，在弹出的快捷菜单中选择“添加形状”|“在下方添加形状”选项，如图 6-84 所示，在选中形状的同一级别添加形状，效果如图 6-85 所示。

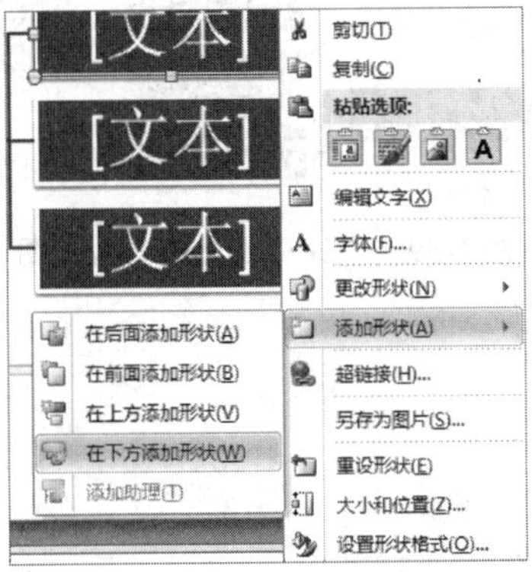

图 6-84　选择“在下方添加形状”选项

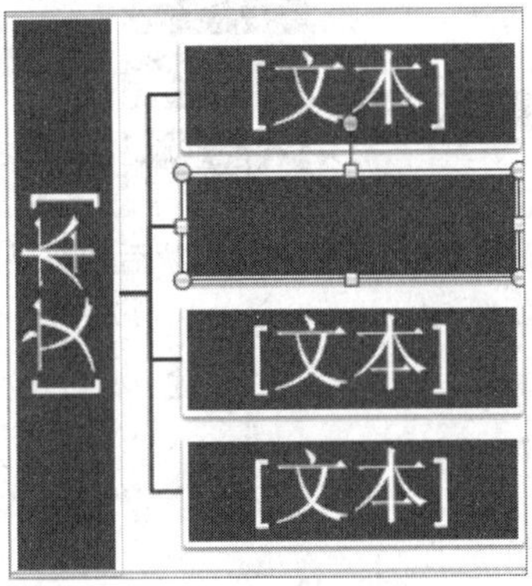

图 6-85　添加形状后的效果

2）右击第 2 个形状，在弹出的快捷菜单中选择“添加形状”|“在后面添加形状”选项，如图 6-86 所示，在选中形状的下一级别添加形状，效果如图 6-87 所示。

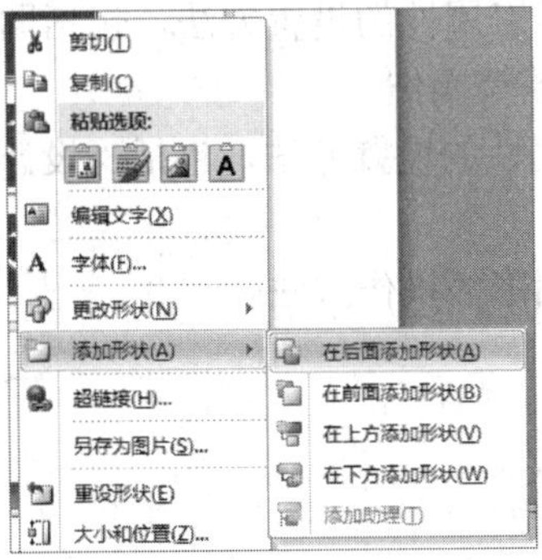

图 6-86　选择“在后面添加形状”选项

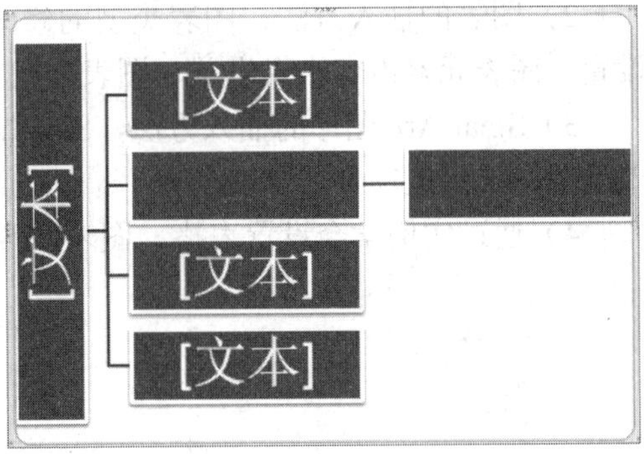

图 6-87　在后面添加形状后的效果

3）选中要删除的形状，按【Delete】键即可将其删除。

根据本例设计需要，为 SmartArt 图形添加和删除形状，最终效果如图 6-88 所示。

（4）输入文字

图示外形设计完成后，即可输入相应的文字，并设置文字字体为微软雅黑、24、加粗。最终效果如图 6-89 所示。

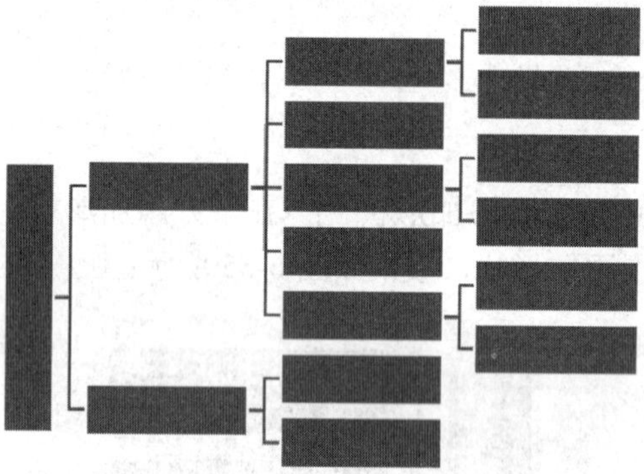

图 6-88 添加/删除形状后的效果

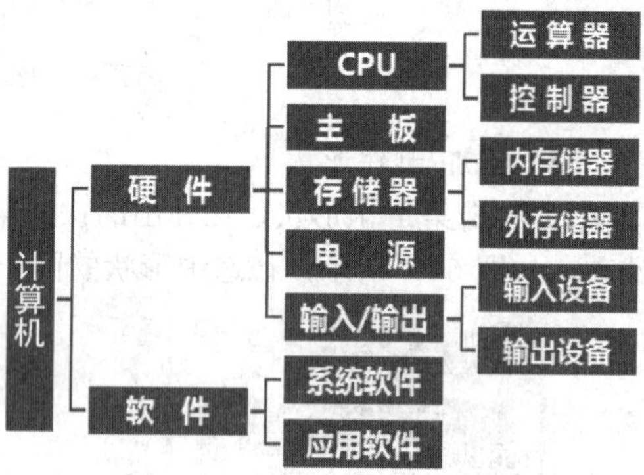

图 6-89 “计算机组成”效果图

本 章 小 结

本章主要介绍了在 PowerPoint 2010 中插入表格、图表及 SmartArt 图形，并对其属性进行设置的方法。通过本章的学习，学生应掌握以下内容。

1）表格的插入方法，表格属性的设置方法，包括行列设置、表格中文字对齐方式设置、美化表格、表格效果设置等操作。

2）图表的插入方法，图表类型的修改方法，图表属性的设置方法，包括图表标题设置、图表元素内容格式设置、图表样式及布局修改等操作。

3）SmartArt 图形的插入方法，SmartArt 图形属性的设置方法，包括“设计”选项卡及“格式”选项卡。

4）通过实例学会设置表格、图表及 SmartArt 图形的操作方法。

第7章

为 PPT 课件添加动画及交互效果

学习目标

1）掌握为幻灯片设置切换效果的方法。

2）掌握为幻灯片中的对象添加动画效果的方法。

3）掌握利用触发器功能为幻灯片添加交互效果的方法。

4）掌握在幻灯片中插入超链接的方法。

PowerPoint 2010 的一大突出特点是不仅可以为幻灯片及幻灯片中的对象添加动画及交互效果，还可以通过属性设置来控制动画切换的时间、状态，以及跳转到指定位置甚至其他程序，从而使整个演示文稿更具专业性、多样性和动态性，更加生动有趣。本章将学习为 PPT 课件设置动画及交互效果的方法。

7.1 为幻灯片设置切换效果

PowerPoint 2010 为幻灯片提供了“细微型”“华丽型”“动态内容”3 类共 46 种切换效果。在幻灯片与幻灯片之间设置切换效果，可使课件更具有灵动性。

1. 添加切换效果

打开“素材资源\第 7 章\微观世界-分子和原子.pptx”课件，为第 1 张幻灯片添加切换效果。

（1）选择切换效果

选择第 1 张幻灯片，在“切换”选项卡“切换到此幻灯片”选项组中选择“缩放”效果，如图 7-1 所示。选择切换效果后，系统会自动播放一遍动画效果，如果想再次观看切换效果，可以单击“预览”选项组中的“预览”按钮。

要为其余幻灯片选择切换效果，需先选择要设置切换效果的幻灯片，然后重复上述步骤；如果要为所有幻灯片设置相同的切换效果，可在完成上述步骤之后，单击“切换”选项卡“计时”选项组中的“全部应用”按钮，如图 7-2 所示。

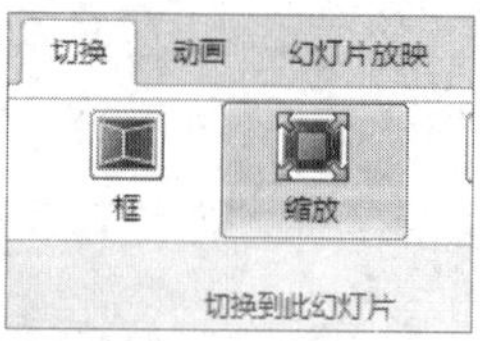

图 7-1 添加切换效果

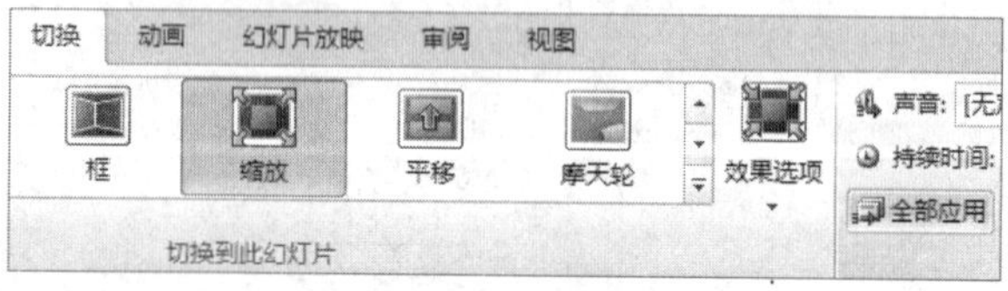

图 7-2 “全部应用”按钮

（2）设置“效果选项”

“效果选项”用来更改切换效果的开始方向或切换方式，用户可根据设计需要来进行设置。

选择第 1 张幻灯片，单击“切换”选项卡“切换到此幻灯片”选项组中的“效果选项”下拉按钮，在弹出的下拉列表中选择“切出”选项，如图 7-3 所示。其余幻灯片可按同样的方法设置。

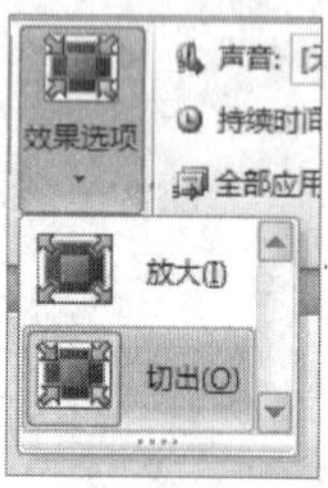

图 7-3 “效果选项”下拉列表

2. 设置切换声音和切换方式

（1）为切换效果添加声音

选择“微观世界–分子和原子.pptx”课件中的第 1 张幻灯片，单击“切换”选项卡“计时”选项组中的“声音”下拉按钮，在弹出的下拉列表中选择“风铃”选项，如图 7-4 所示。在幻灯片放映第 1 张幻灯片时声音会自动播放。

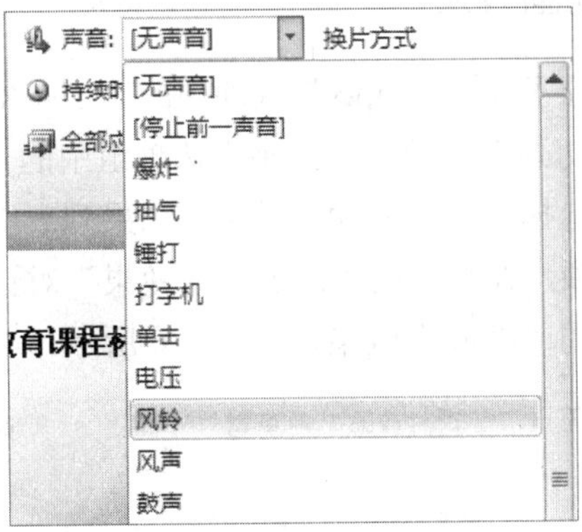

图 7-4　为切换效果添加声音

（2）设置切换方式

选中“切换”选项卡“计时”选项组中的“单击鼠标时”复选框，在幻灯片放映时单击切换到下一张幻灯片；选中“设置自动换片时间”复选框，并在后面的文本框中设置时间，则幻灯片放映时，到时间后系统自动切换到下一张幻灯片。

（3）设置持续时间

在“切换”选项卡“计时”选项组中的“持续时间”微调框中可设置幻灯片切换效果播放的时间。

其余幻灯片可按上述操作方法进行设置。

7.2　为幻灯片中的对象添加动画效果

PowerPoint 2010 提供了 4 类动画效果，可以满足用户对幻灯片中单个对象各种动画设计的要求。

1）“进入”动画：放映幻灯片时，为幻灯片中的文本、图片等对象呈现从无到有、逐渐进入的动画效果。

2）“强调”动画：放映幻灯片时，为幻灯片中已经显示的对象呈现突出强调作用的动画效果。

3）“退出”动画：放映幻灯片时，为幻灯片中已经显示的对象呈现退出幻灯片的效果。

4）“动作路径”动画：放映幻灯片时，让幻灯片中的对象按照设置的移动路径移动。

下面以为“微观世界–分子和原子.pptx”课件添加动画效果为例，介绍为幻灯片中的对象添加动画效果的方法及进行属性设置的方法。

7.2.1 添加“进入”动画效果

1）选择“微观世界–分子和原子.pptx”课件中的第 1 张幻灯片，选中幻灯片中水平方向的白色线条，单击“动画”选项卡“动画”选项组中的“其他”按钮，如图 7-5 所示，在弹出的下拉列表中选择要添加的动画效果，如果列表中没有想要的效果，还可以选择“更多进入效果”选项，在弹出的“添加进入效果”对话框中选择想要的效果。本例中选择“进入”动画中的“擦除”效果，如图 7-6 所示。

图 7-5 “其他”按钮

图 7-6 添加“擦除”动画效果

2）单击“动画”选项卡“动画”选项组中的“效果选项”下拉按钮，在弹出的下拉列表中设置“擦除”动画效果的方向，这里选择“自左侧”选项，如图 7-7 所示。

3）选择第 1 张幻灯片，为垂直方向的白色线条、绿色水平线条、主标题和副标题文本框依次添加“擦除”动画效果。其中，垂直方向的白色线条的方向设为“自顶部”，绿色水平线条的方向设为“自左侧”，主标题和副标题文本框的方向设为“自左侧”“作为一个对象”，如图 7-8 所示。

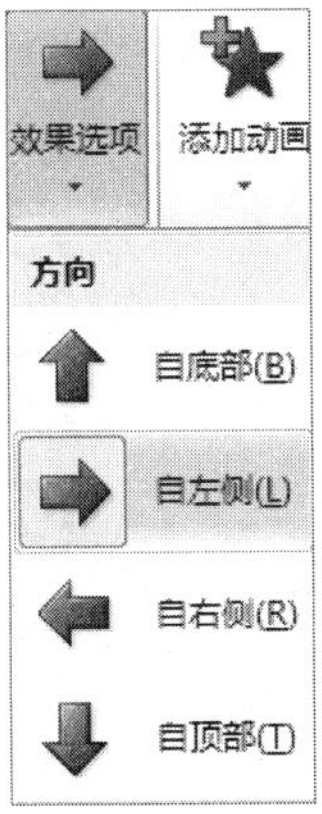

图 7-7　设置“擦除”动画效果选项

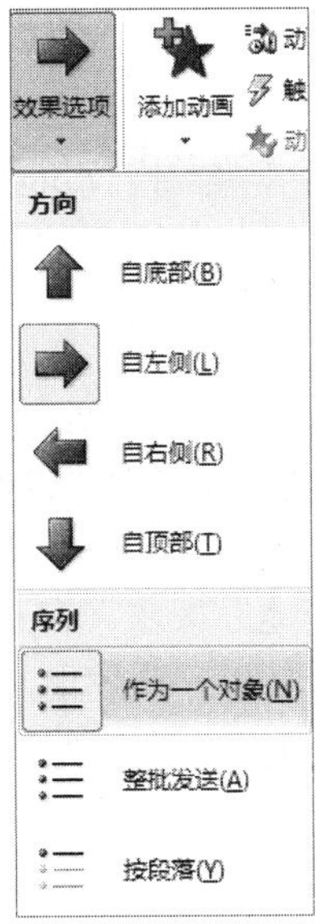

图 7-8　设置标题文本动画效果选项

4）添加完动画效果后，每个添加了动画的对象左上角会出现按添加顺序排好的序号，选择不同的序号，可对不同的动画进行设置。例如，选择“1”，单击“动画”选项卡“计时”选项组中的“开始”下拉按钮，在弹出的下拉列表中选择“上一动画之后”选项，并设置动画开始的时间，如图 7-9 所示，此时动画序号变为“0”。其他几个动画的开始的时间同样设为“上一动画之后”。

“开始”下拉列表用于设置动画开始的时间。

① 单击时：放映幻灯片时，单击才开始播放动画。

② 与上一动画同时：放映幻灯片时，与上一个动画同时播放。

③ 上一动画之后：放映幻灯片时，上一个动画播放完之后自动播放此动画。

5）“计时”选项组中的“持续时间”用来设置动画播放的时间，单位为秒；“延迟”用来设置经过多少秒之后播放动画，这里都采用默认设置，如图 7-10 所示。

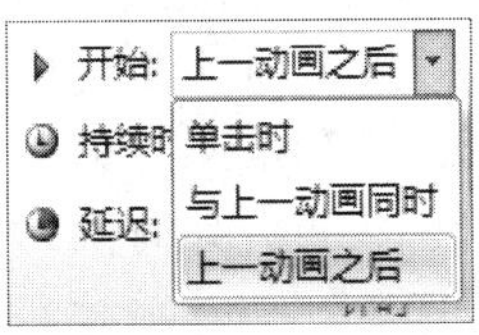

图 7-9　设置动画开始时间

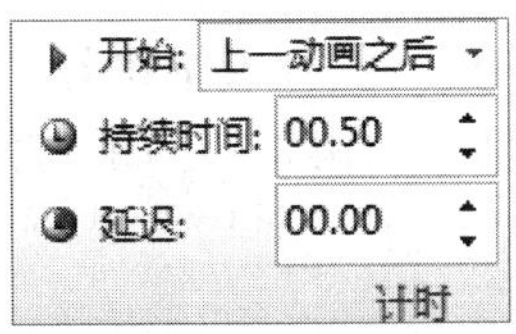

图 7-10　设置动画持续时间和延迟

6）动画效果都是按照设置顺序进行播放的，如果要调整播放顺序，可选中要调整顺序的动画序号，单击“动画”选项卡“计时”选项组中的“向前移动”或“向后移动”按钮即可。

7.2.2 添加“强调”动画效果

1）选择“微观世界-分子和原子.pptx”课件中的第 7 张幻灯片。

2）选择幻灯片的中间文本框，添加“飞入”进入动画效果，“效果选项”设置为“自底部”。

3）选择“问号”图片，单击“动画”选项卡“动画”选项组中的“其他”按钮，在弹出的下拉列表中选择“强调”动画中的“放大/缩小”效果，如图 7-11 所示。在“效果选项”下拉列表中设置“方向”为两者、“数量”为较大，如图 7-12 所示。

图 7-11 选择“放大/缩小”强调动画

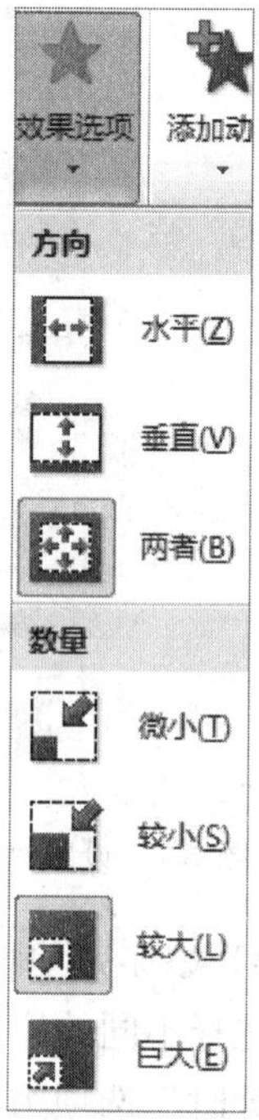

图 7-12 设置“放大/缩小”动画效果选项

4）依次选择幻灯片下方、上方的文本框，添加“飞入”进入动画效果，“效果选项”设置为“自底部”。

7.2.3 添加“退出”动画效果

1）选择“微观世界-分子和原子.pptx”课件中的第 8 张幻灯片。

2）选中“实验一”文本框，单击“动画”选项卡“动画”选项组中的“其他”按钮，在弹出的下拉列表中选择“擦除”退出动画效果，“效果选项”设置为“自底部”。选中“实验一”图片，添加“擦除”退出动画效果，如图 7-13 所示，“效果选项”设置为“自底部”，在“计时”选项组中的“开始”下拉列表中设置开始时间为“与上一动画同时”。

3）选中“实验二”文本框，添加“形状”进入动画效果，“效果选项”设置为“放大”“加号”，在“计时”选项组中设置“持续时间”为 0.5；选中“实验二”图片，添加与“实验二”文本框相同的动画效果，并设置相同的效果选项，在“开始”下拉列表中选择“与上一动画同时”选项。

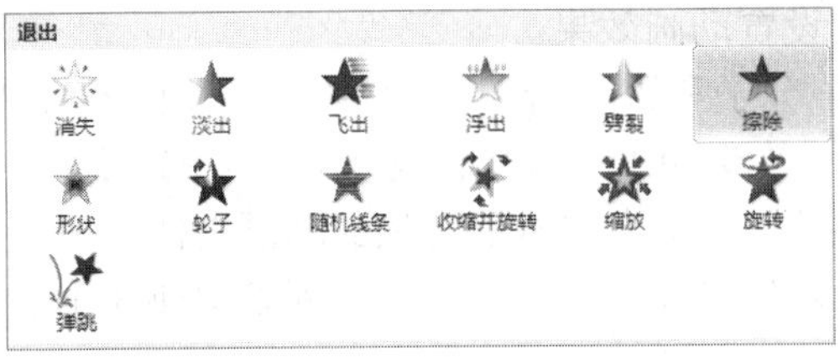

图 7-13 为“实验一”图片添加“擦除”退出动画

4）选中最上方的文本框，添加“百叶窗”进入动画效果。

7.2.4 添加“动作路径”动画效果

1）选择“微观世界-分子和原子.pptx”课件中的第 8 张幻灯片。

2）选中标题形状，单击“动画”选项卡“动画”选项组中的“其他”按钮，在弹出的下拉列表中选择“自定义路径”动作路径动画效果（也可以选择系统提供的动作路径），如图 7-14 所示，在幻灯片中绘制一条动画路径。

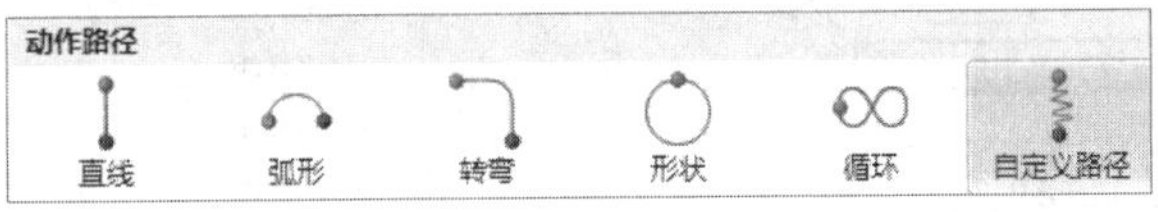

图 7-14 为标题形状添加“自定义路径”动作路径动画效果

路径可绘制为闭合路径或开放路径。闭合路径的起点和终点重合，以绿色箭头显示；开放路径的起点和终点不重合，起点以绿色箭头显示，终点以红色箭头显示，起点和终点可以转换，在路径上右击，在弹出的快捷菜单中选择“反转路径方向”选项，即可将起点和终点交换。

闭合路径和开放路径可相互转换，右击闭合路径，在弹出的快捷菜单中选择“开放路径”选项，即可转换为开放路径。开放路径转换为闭合路径做同样的操作。

如果要调整动作路径，可在路径上右击，在弹出的快捷菜单中选择“编辑顶点”选项，进入路径编辑状态，移动节点位置调整路径；或右击，在弹出的快捷菜单中设置节点属性，调整结束后，在路径上右击，在弹出的快捷菜单中选择“退出节点编辑”选项即可。

3）选中标题形状动画序号，单击“动画”选项卡“计时”选项组中的“向前移动”按钮，将标题形状动画设置为第 1 个动画。其余幻灯片的标题形状（标题页和目录页除外）做同样的设置。

7.2.5 利用“动画窗格”设置动画

单击“动画”选项卡“高级动画”选项组中的“动画窗格”按钮，在 PowerPoint

窗口右侧弹出“动画窗格”。“动画窗格”中列出了当前幻灯片添加的所有动画效果，用户可在“动画窗格”中设置动画效果。

1）选择“微观世界-分子和原子.pptx”课件中的第 9 张幻灯片。为标题形状添加“自定义路径”动画效果；依次选中幻灯片中的文本框、表格，添加“飞入”进入动画效果。

2）打开“动画窗格”，单击为文本框添加的动画右侧的下拉按钮，弹出的下拉列表中的前 3 个选项与“计时”选项组“开始”下拉列表中前 3 个选项的含义相同，此处不再赘述，如图 7-15 所示。

① 选择“效果选项”选项，弹出“飞入”对话框，在“设置”选项组中设置“方向”为“自底部”；在“增强”选项组中的“动画文本”下拉列表中选择“按字/词”选项，如图 7-16 所示。

② 选择“计时”选项卡，在“期间”下拉列表中选择“快速（1 秒）”选项。

③ 选择“正文文本动画”选项卡，在“组合文本”下拉列表中选择“所有段落同时”选项，用来设置文本框中所有段落的文字同时播放“飞入”动画效果。

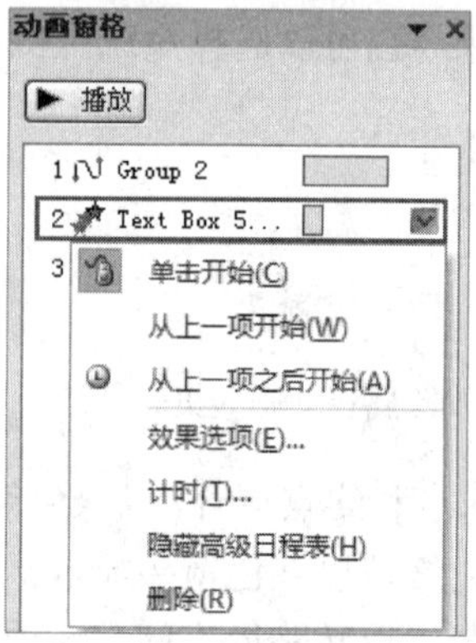

图 7-15 动画窗格

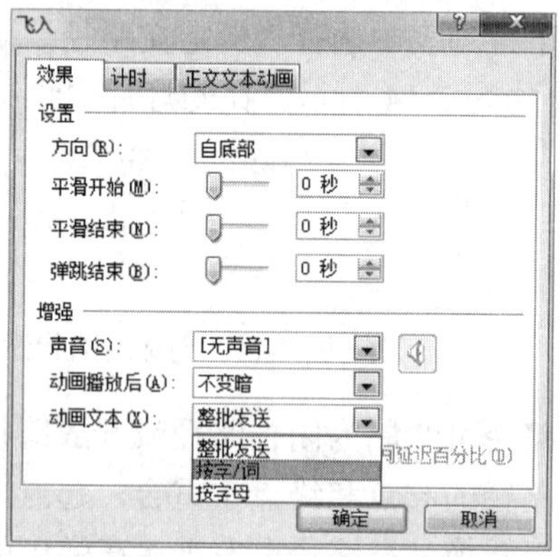

图 7-16 “飞入”对话框

3）在“动画窗格”中，可以调整表格和文本框的动画播放顺序，将鼠标指针移动至“动画窗格”中的表格动画上，按住鼠标左键并向下拖动至文本框动画下面，即可完成动画顺序的调整。

其他幻灯片中对象动画的效果，请读者按上述方法自行设计。

7.3 为 PPT 课件添加交互效果

7.3.1 利用触发器功能为课件添加交互效果

利用 PowerPoint 2010 提供的触发器功能可以为课件添加交互效果。具体地说，触发器相当于动画的开关，可以控制幻灯片中某些动画开始的时间。下面以为“微观世界-分子和原子.pptx”课件添加习题为例，介绍触发器的设置与使用方法。

1）打开课件，在第 9 张幻灯片后，插入一张版式为“空白”的幻灯片。从其他幻灯片复制标题形状，放至幻灯片右上角，将文字修改为“习题”，设置与其他幻灯片标题形状相同的动画效果。

2）制作题干。

① 插入两个横排文本框，依次输入文字“关于氧气、液态氧、固态氧，下列说法正确的是（　　）”“A. ①②④　B. ①③④　C. ①②④　D. ②④⑤”，文字属性设为华文楷体、28 号、加粗、黑色。

② 插入 5 个横排文本框，依次输入文字“①它们的物理性质不同”“②它们的化学性质相同”“③它们的化学性质不同”“④它们由同种分子构成”“⑤它们为不同的物质”，文字属性设为华文楷体、24 号、加粗、黑色。单击“绘图工具-格式”选项卡“形状样式”选项组中的“其他”按钮，在弹出的下拉列表中选择“细微效果-绿色，强调颜色 1”选项。

③ 插入横排文本，输入“A”，文字属性设为华文楷体、28 号、加粗、黑色。

④ 单击“插入”选项卡“插图”选项组中的“形状”下拉按钮，在弹出的下拉列表中选择“星与旗帜”|“六角星”形状，并绘制一个六角星形状。选中六角星形状，在“绘图工具-格式”选项卡“形状样式”选项组中选择“强烈效果-橙色，强调颜色 6”，在“形状填充”下拉列表中选择“纹理”|“纸莎草纸”选项，如图 7-17 所示。在形状上输入文字“正确”，文字属性设置为微软雅黑、18 号、加粗、红色。复制 4 个同样的形状，将其中两个形状中的文字改为“错误”，文字颜色改为黑色。

⑤ 幻灯片排版如图 7-18 所示。其中，题干与选项①之间分割线的制作方法如下：单击“插入”选项卡“插图”选项组中的“形状”下拉按钮，在弹出的下拉列表中选择“直线”选项，在幻灯片中绘制直线，在“绘图工具-格式”选项卡“形状样式”选项组中的“形状轮廓”下拉列表中设置颜色为“深绿，文字 2，淡色 40%”、粗细为“2.25 磅”、虚线为“划线-点”。

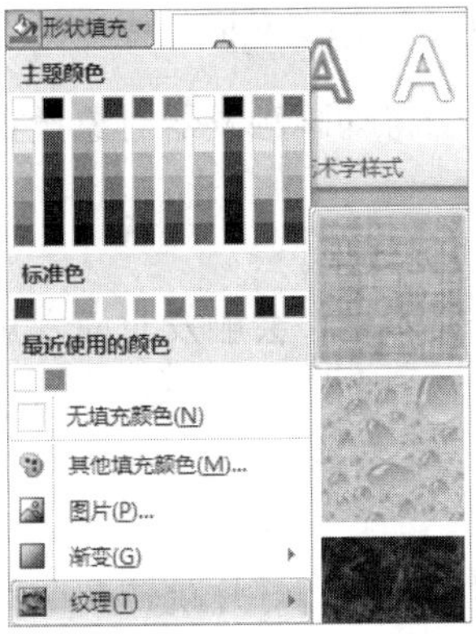

图 7-17　选择“纸莎草纸”选项

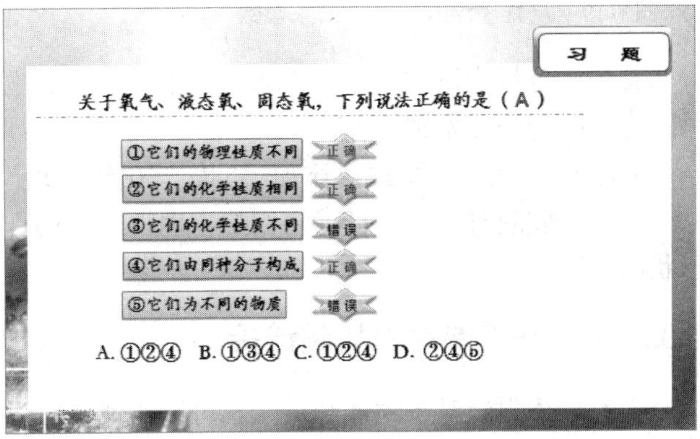

图 7-18　习题幻灯片最终效果

3）选择题干文本框，添加“飞入”进入动画效果，按住【Shift】键的同时选中 5 个选项文本框，添加“飞入”进入动画效果；选中最下方的 4 个选项文本框，添加“飞入”进入动画效果。

4）选择第一个六角星形状，添加“浮入”进入动画效果，单击“动画”选项卡“高级动画”选项组中的“动画窗格”按钮，弹出“动画窗格”，单击此六角星形状动画右侧的下拉按钮，在弹出的下拉列表中选择“计时”选项，如图 7-19 所示。在弹出的“上浮”对话框中单击“触发器”按钮，选中“单击下列对象时启动效果”单选按钮，在右侧的下拉列表中选择“Text.Box14: ①它们的物理性质不同”选项（形状名称后面的数字可能随实际操作的不同而有所不同），如图 7-20 所示，单击“确定”按钮完成设置。放映幻灯片时，单击“①它们的物理性质不同”，会播放有“正确”文字的六角星的动画效果。

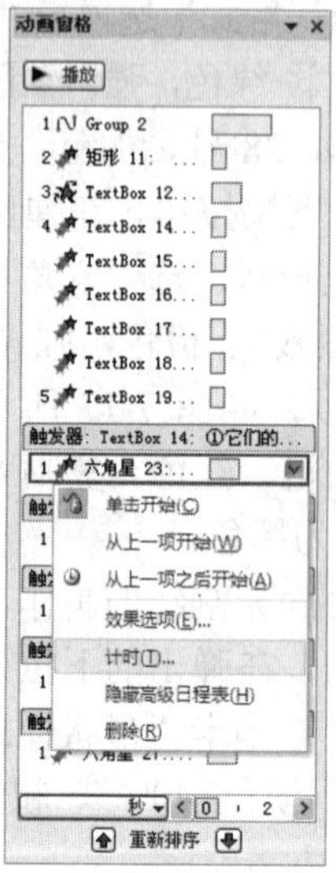

图 7-19　设置“浮入”动画效果参数

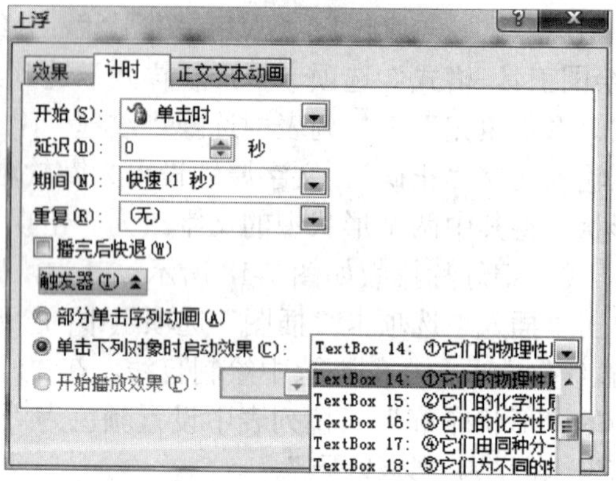

图 7-20　“上浮”对话框

其余六角星均添加“浮入”动画效果，并按上述操作方法将动画触发器对象设置为与之对应的选项文本框。

5）选中“A”文本框，添加“翻转式由远及近”进入动画效果。

幻灯片放映时，单击“①它们的物理性质不同”等 5 个文本框，会触发对应六角星形状的动画。

7.3.2　为 PPT 课件添加超链接

为幻灯片中的对象添加超链接，可以实现单击设置的对象时，幻灯片跳转到课件中指定的幻灯片、其他现有文件或网页等。下面以为“微观世界-分子和原子.pptx”课件插入超链接为例，说明添加超链接的方法及参数设置。

1）打开“微观世界-分子和原子.pptx”课件，选择第 2 张幻灯片，选中由文字“分子原子概念”、矩形形状及图片组成的组合，右击组合中的图片，在弹出的快捷菜单中选择“超链接”选项，如图 7-21 所示，弹出“插入超链接”对话框。

2）在“插入超链接”对话框中左侧的“链接到”列表框中选择“本文档中的位置”选项，在“请选择文档中的位置”列表框中选择“4．幻灯片 4”选项，如图 7-22 所示，单击“确定”按钮。设置完成后，在放映幻灯片时，单击设置超链接的组合，课件就会跳转到第 4 张幻灯片继续放映。

图 7-21　选择“超链接”选项

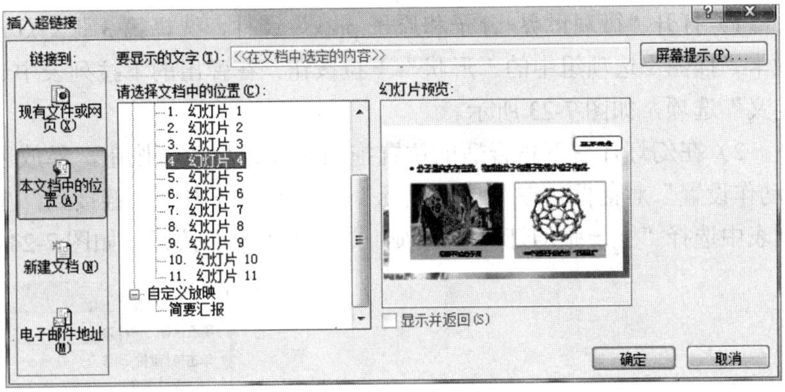

图 7-22　“插入超链接”对话框

3）选中带有文字“分子原子的特点”的组合，单击其中的图片，单击“插入”选项卡“链接”选项组中的“超链接”按钮，同样可以弹出“插入超链接”对话框，参照前面的操作，链接到第 5 张幻灯片。对第 3 个组合进行相同的操作，链接到第 11 张幻灯片。

“插入超链接”对话框中“链接到”列表框中各选项的含义如下。

① 现有文件或网页：幻灯片放映时，单击设置超链接的对象，将链接到计算机中现有的文件或互联网中的某个网页。

② 本文档中的位置：幻灯片放映时，单击设置超链接的对象，将链接到本文档中的其他幻灯片。

③ 新建文档：幻灯片放映时，单击设置超链接的对象，将链接到一个新文档。

④ 电子邮件地址：幻灯片放映时，单击设置超链接的对象，将链接到一个电子邮件地址。

4）超链接设置好后，如果想要进行修改，可在幻灯片中右击设置超链接的对象，弹出的快捷菜单中的选项含义如下。

① 编辑超链接：在弹出的“插入超链接”对话框中进行修改设置。

② 打开超链接：打开链接到的幻灯片文件或网页等。

③ 取消超链接：将设置的超链接删除。

7.3.3 为 PPT 课件添加动作按钮

在 PowerPoint 2010 中，放映幻灯片时，如果想实现跳转到某一张幻灯片、返回上一张幻灯片或是打开其他应用程序等交互功能，可以通过动作按钮来实现，PowerPoint 2010 提供了 12 种类型的动作按钮。下面以为“微观世界-分子和原子.pptx”课件插入动作按钮为例，说明动作按钮的插入方法及参数设置。

1）打开“微观世界-分子和原子.pptx”课件，选择第 3 张幻灯片，单击“插入”选项卡“插图”选项组中的“形状”下拉按钮，在弹出的下拉列表中选择“动作按钮：自定义”选项，如图 7-23 所示。

2）在幻灯片右下角合适的位置拖动鼠标绘制动作按钮，释放鼠标左键后自动弹出“动作设置”对话框，在“单击鼠标”选项卡中选中“超链接到”单选按钮，在其下拉列表中选择“上一张幻灯片”选项，单击“确定”按钮，如图 7-24 所示。

图 7-23　动作按钮

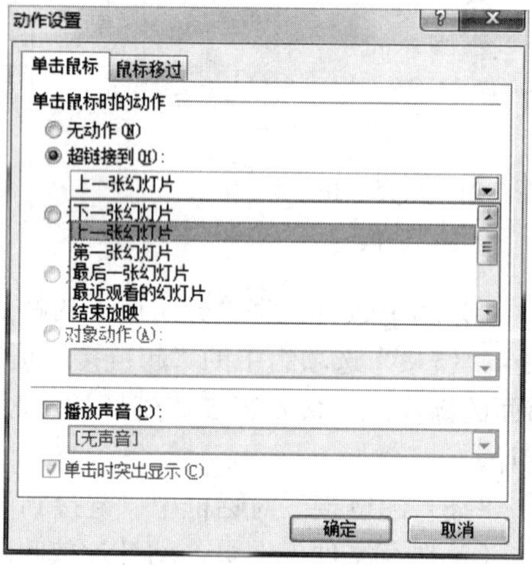

图 7-24　“动作设置”对话框

“动作设置”对话框中两个选项卡的含义如下。

① “单击鼠标”选项卡：放映幻灯片时，单击动作按钮触发设置。

a．超链接到：设置放映幻灯片时，单击动作按钮幻灯片跳转到的位置，其下拉列表中包括“下一张幻灯片”、“上一张幻灯片”、“第一张幻灯片”、“最后一张幻灯片”、“最近观看的幻灯片”及“结束放映”6 个选项。

b．运行程序：选中此单选按钮，“浏览”按钮变为可用，单击“浏览”按钮，弹出“选择一个要运行的程序”对话框，选择一个应用程序后，放映幻灯片时，单击动作按钮可打开选择的应用程序窗口。

c．播放声音：选中此复选框后，可在其下拉列表中选择某个声音，当放映幻灯片时，触发动作按钮会同时播放所选择的声音。

② “鼠标移过”选项卡：放映幻灯片时，当鼠标指针移过动作按钮时会触发设置。其中的选项与“单击鼠标”选项卡中的功能一致。

3）右击动作按钮，在弹出的快捷菜单中选择“编辑文字”选项，输入文字“返回”，修改文字属性为隶书、32 号、分散对齐，“对齐文本”为中部对齐。选择“绘图工具-格式”选项卡“形状样式”选项组中的“强烈效果-绿色，强调颜色 1”样式，在“艺术字样式”选项组中选择“填充-白色，暖色粗糙棱台”选项，最终效果如图 7-25 所示。

图 7-25　动作按钮最终效果

放映幻灯片时，单击动作按钮即可跳转到上一张幻灯片继续播放。

4）如果要修改动作按钮的设置，可右击动作按钮，在弹出的快捷菜单中选择“编辑超链接”选项，在弹出的“动作设置”对话框中重新进行修改即可。

本 章 小 结

本章主要介绍了在 PPT 课件中为幻灯片添加切换效果及交互效果的方法，以及为幻灯片中的对象添加动画效果的方法。通过本章的学习，学生应掌握以下内容。

1）为幻灯片添加切换效果、切换声音、设置切换方式的方法。

2）为幻灯片中对象添加“进入”动画、“强调”动画、“退出”动画、“动作路径”动画的方法，以及在“动画窗格”中设置动画的方法。

3）利用 PowerPoint 2010 提供的触发器功能制作选择题的方法，从而学习为幻灯片添加交互效果的方法。

4）为幻灯片中的对象添加超链接的方法，从而实现幻灯片跳转到演示文稿中指定的幻灯片、其他现有文件或网页等功能。

5）编辑已插入的超链接的方法。

6）在幻灯片中添加动作按钮的方法，从而实现跳转到某一张幻灯片、返回上一张幻灯片或是打开其他应用程序等交互功能。

第8章

放映及输出 PPT 课件

学习目标

1）掌握放映 PPT 课件的方法。
2）掌握输出 PPT 课件的方法。
3）掌握将 PPT 课件转换为其他格式文件的方法。

PPT 课件制作完成后，需要通过放映幻灯片，将所制作的内容展现给观众；此外，也可以将课件以不同的形式进行输出，便于在不同场合或不同计算机中使用。本章将具体介绍放映和输出 PPT 课件的操作方法。

8.1　放映 PPT 课件

在 PowerPoint 2010 中，要放映幻灯片很容易，单击状态栏中的“幻灯片放映”按钮，课件便会从当前幻灯片开始放映，但如果想要在放映过程进行一些特殊的设置，如从头开始播放幻灯片，或在幻灯片放映时显示时间等，就要通过“幻灯片放映”选项卡来完成。下面以放映“微观世界-分子和原子.pptx”课件为例来介绍相关的操作方法。

8.1.1　开始放映幻灯片

1）打开“素材资源\第 8 章\微观世界-分子和原子.pptx”课件，如果要从第 1 张幻灯片开始放映，则单击“幻灯片放映”选项卡“开始放映幻灯片”选项组中的“从头开始”按钮，如图 8-1 所示。

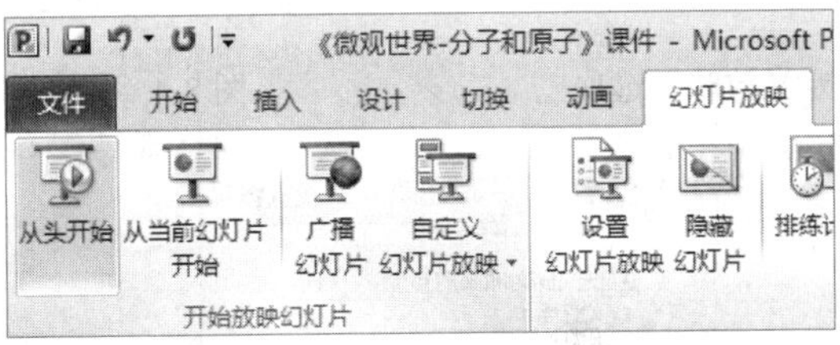

图 8-1　“从头开始”按钮

2）如果要从当前选中的幻灯片开始放映，除了前面介绍的单击“幻灯片放映”按钮的方法外，还可以单击“幻灯片放映”选项卡“开始放映幻灯片”选项组中的“从当前幻灯片开始”按钮，如图 8-2 所示。

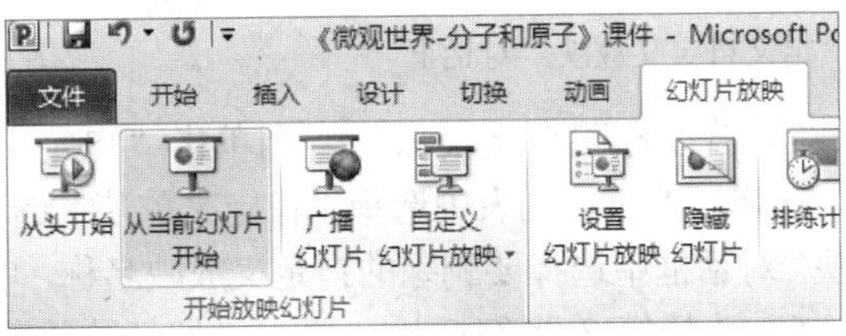

图 8-2　“从当前幻灯片开始”按钮

3）如果只想放映演示文稿中的部分幻灯片，可以选择“自定义放映”选项，具体操作方法如下：单击“幻灯片放映”选项卡“开始放映幻灯片”选项组中的“自定义幻灯片放映”下拉按钮，在弹出的下拉列表中选择“自定义放映”选项，如图 8-3 所示。

4）在弹出的“自定义放映”对话框中单击“新建”按钮，如图 8-4 所示，弹出“定义自定义放映”对话框，在“幻灯片放映名称”文本框中输入“简要汇报”，在“在演示文稿中的幻灯片”列表框中选择第 1 张要放映的幻灯片，然后单击“添加”按钮，选中的幻灯片会出现在右侧“在自定义放映中的幻灯片”列表框中，其余要放映的幻灯片做同样的操作，如图 8-5 所示。如果要删除自定义放映中的幻灯片，可在“在自定义放映中的幻灯片”列表框中选择要删除的幻灯片，单击“删除”按钮；要调整幻灯片顺序，可选中要调整的幻灯片，在右侧单击上、下箭头按钮来调整顺序。设置完成后单击“确定”按钮。放映时，单击“自定义幻灯片放映”下拉按钮，在弹出的下拉列表中选择“简要汇报”选项，如图 8-6 所示，演示文稿就会按照所设置的幻灯片及顺序来放映。

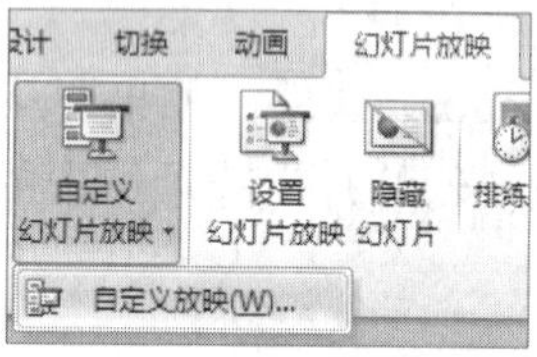

图 8-3　选择“自定义放映”选项

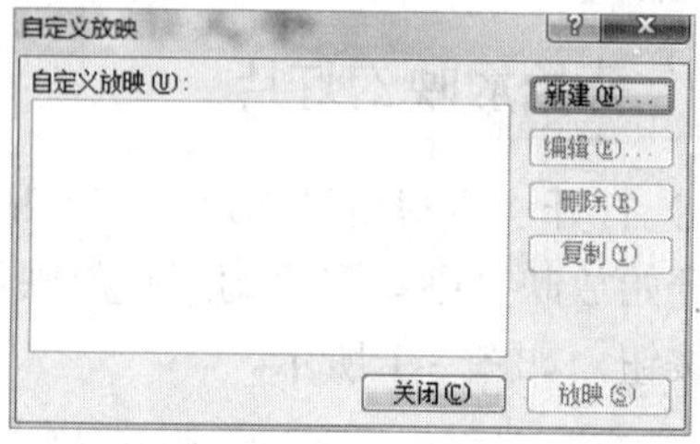

图 8-4　“自定义放映”对话框

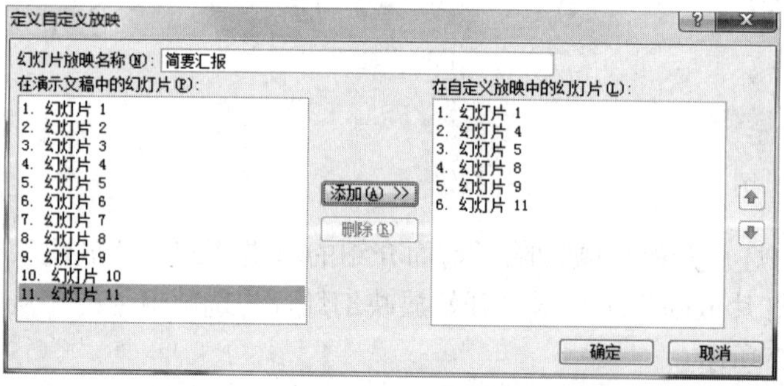

图 8-5　“定义自定义放映”对话框

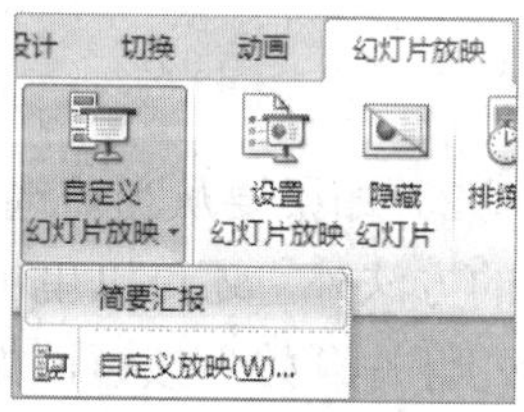

图 8-6　放映“简要汇报”

图 8-7　隐藏幻灯片

5）若要删除自定义放映，则单击“自定义幻灯片放映”下拉按钮，在弹出的下拉列表中选择“自定义放映”选项，在弹出的“自定义放映”对话框中选择要删除的自定义放映名称，单击“删除”按钮即可。

6）选择第 3 张幻灯片，单击“幻灯片放映”选项卡“设置”选项组中的“隐藏幻灯片”按钮，如图 8-7 所示，则在放映幻灯片时，不会放映该张幻灯片。如果想放映此张幻灯片，则选中此张幻灯片，再次单击“隐藏幻灯片”按钮即可。

8.1.2 设置幻灯片放映

为了达到最佳的放映效果，可以单击“幻灯片放映”选项卡“设置”选项组中的“设置幻灯片放映”按钮，在弹出的“设置放映方式”对话框中对幻灯片的放映选项进行设置，如图 8-8 所示。

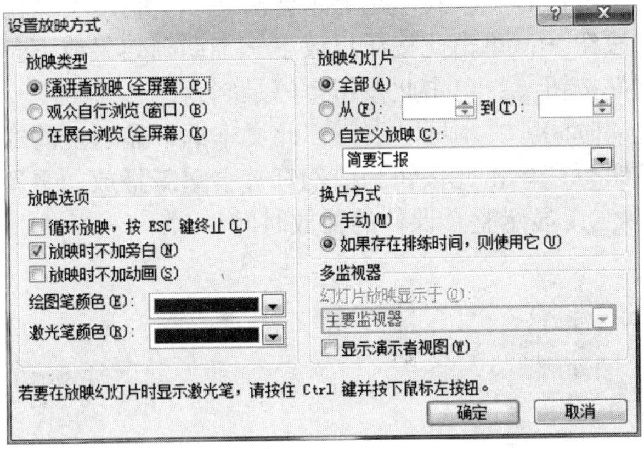

图 8-8 “设置放映方式”对话框

1. 放映类型

PowerPoint 2010 提供了 3 种不同类型的放映方式。

1）演讲者放映（全屏幕）：课件全屏幕放映，演讲者控制幻灯片的播放过程。

2）观众自行浏览（窗口）：课件以标准窗口的形式放映，观众可以自己操作浏览幻灯片，可最大化/最小化窗口、移动窗口，还可以打开其他应用程序。

3）在展台浏览（全屏幕）：课件全屏循环播放，不能用鼠标控制幻灯片的播放，但鼠标可以操作超链接、动作按钮等。选择该选项，要确保幻灯片换片方式选中“设置自动换片时间”复选框，并输入相应的时间，否则将只播放第一张幻灯片。

2. 放映选项

1）循环放映，按 ESC 键终止：放映课件时，循环放映，按【Esc】键停止放映。

2）放映时不加旁白：放映幻灯片时，录制的旁白不会播放。

3）放映时不加动画：放映幻灯片时，添加的动画效果不会播放。

3. 放映幻灯片

1）全部：放映全部幻灯片。

2）从:……到:……：在后面的文本框中输入要放映幻灯片的范围。

3）自定义放映：选择设置好的“自定义放映”放映幻灯片。

8.1.3 排练计时

在 PowerPoint 2010 中，当用户需要记录课件的播放时间或是设置幻灯片自动播放的时间时，可以通过排练计时来设置。

1）单击“幻灯片放映”选项卡“设置”选项组中的“排练计时”按钮，如图 8-9 所示。

2）系统进入“排练计时”模式，左上角会出现“录制”工具栏，如图 8-10 所示。

① “下一页”按钮：单击此按钮播放下一个动画效果或下一张幻灯片。

② “暂停录制”按钮：单击此按钮暂停录制。

③ “幻灯片放映时间”文本框 0:00:05：此文本框中显示当前幻灯片播放的时间。

④ “重复”按钮：单击此按钮当前幻灯片会重新播放、重新计时。

⑤ 播放时间 0:00:15：显示整个课件的播放时间。

图 8-9 “排练计时”按钮

图 8-10 “录制”工具栏

3）当幻灯片放映结束或停止放映时，会弹出如图 8-11 所示的信息提示对话框，询问是否保留排练时间，单击“是”按钮，演示文稿自动变为“幻灯片浏览”模式，在每张幻灯片的下方显示该张幻灯片的播放时间，如图 8-12 所示。

图 8-11 信息提示对话框

图 8-12 查看计时排练效果

8.1.4　录制和清除幻灯片演示

在 PowerPoint 2010 中，如果用户想要将课件的放映过程、幻灯片的操作及讲解录制下来，可通过“录制幻灯片演示”功能来实现。

1）单击“幻灯片放映”选项卡“设置”选项组中的“录制幻灯片演示”下拉按钮，在弹出的下拉列表中选择“从头开始录制”或“从当前幻灯片开始录制”选项，如图 8-13 所示。

2）选择“从头开始录制”选项，在弹出的“录制幻灯片演示”对话框中，选中要录制的内容，单击“开始录制”按钮，即可开始录制，如图 8-14 所示。

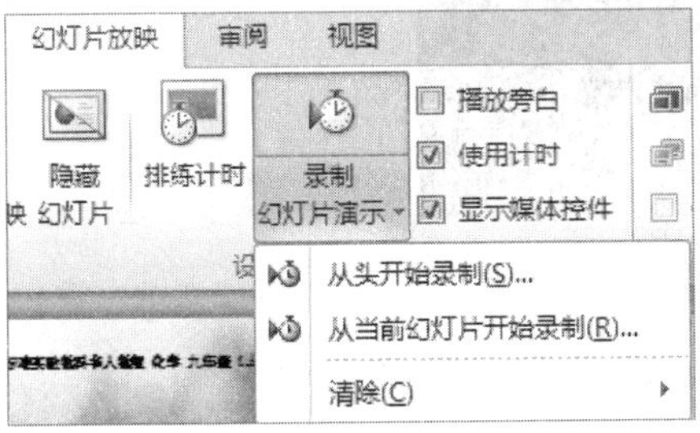

图 8-13　“录制幻灯片演示”下拉列表

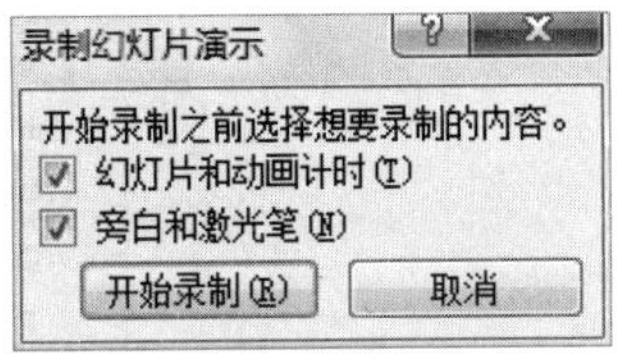

图 8-14　“录制幻灯片演示”对话框

3）如果要清除当前幻灯片或所有幻灯片的计时或旁白，可单击“幻灯片放映”选项卡“设置”选项组中的“录制幻灯片演示”下拉按钮，在弹出的下拉列表中选择“清除”选项，选择要清除的内容即可，如图 8-15 所示。

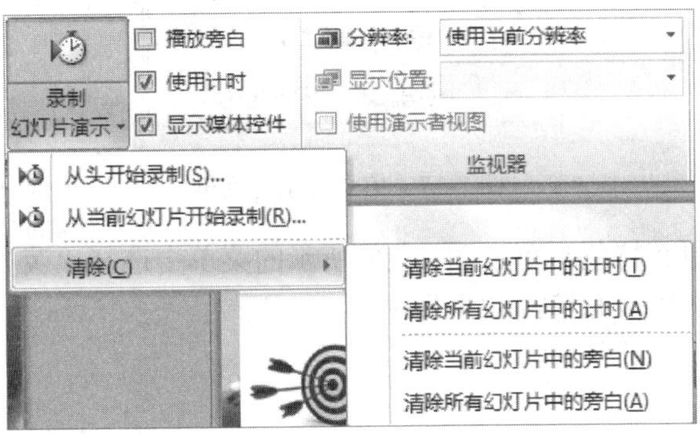

图 8-15　清除幻灯片演示操作

8.1.5　利用笔作标记

放映幻灯片时，如果要对幻灯片的某些内容作标记，可以使用不同类型的笔来操作，还可以使用激光笔来指示讲解的内容。

1. 标记幻灯片

幻灯片放映时，在幻灯片上右击，在弹出的快捷菜单中选择“指针选项”|“笔”选项，如图 8-16 所示。此时，鼠标指针变为笔形状，可在幻灯片上作标记。如果要改变画笔的颜色，在图 8-16 所示的菜单中选择“指针选项”|“墨迹颜色”选项，在其子菜单中选择颜色即可。当幻灯片结束放映时，会弹出如图 8-17 所示的信息提示对话框，询问是否要保留墨迹注释。

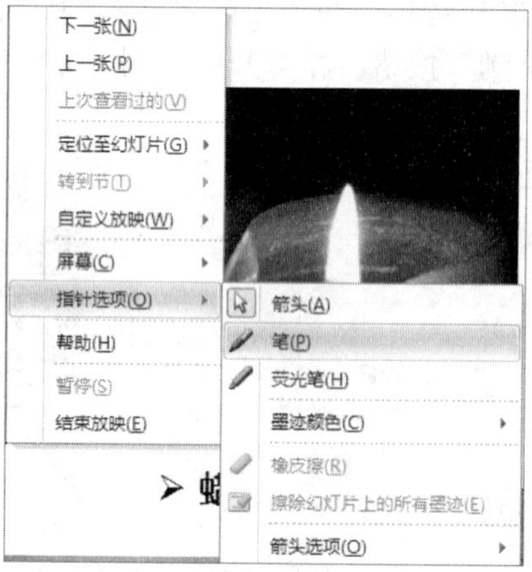

图 8-16 选择“笔”选项

图 8-17 信息提示对话框

如果要使注释更有特色，可在图 8-16 所示的菜单中选择“荧光笔”选项，则在幻灯片上所作的标记将以荧光笔的效果显示。

2. 指示讲解内容

幻灯片放映时，讲解者可使用激光笔向观众突出指示讲解内容，具体操作如下：放映幻灯片时，按住【Ctrl】键，在幻灯片中要突出讲解的内容上按住鼠标左键并拖动鼠标，即可显示激光笔。如果要修改激光笔的颜色，可单击“幻灯片放映”选项卡“设置”选项组中的“设置幻灯片放映”按钮，在“设置放映方式”对话框“放映选项”选项组中的“激光笔颜色”下拉列表中修改激光笔颜色，如图 8-18 所示。

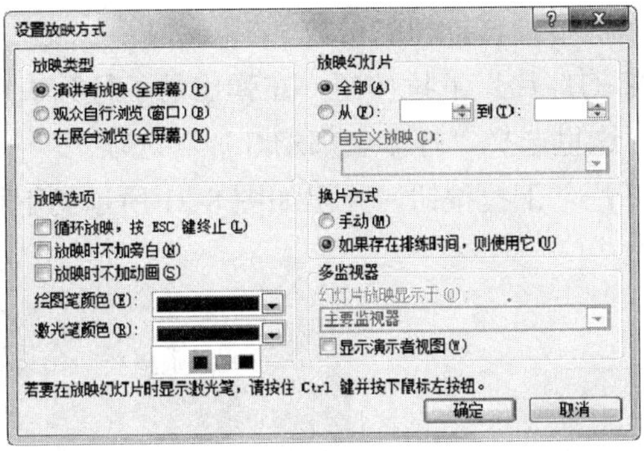

图 8-18　修改激光笔颜色

8.2　输出 PPT 课件

课件制作完成后，可以将幻灯片打印或以其他格式进行输出。本节以“微观世界-分子和原子.pptx”课件为例，介绍打印和输出演示文稿的操作方法。

8.2.1　打印 PPT 课件

如果在教学中要向学习者提供纸质讲义或纸质课件，可以将 PPT 课件打印出来。要打印 PPT 课件，可参照以下步骤操作。

1）在打印前，确保计算机连接了打印设备。

2）打开“微观世界-分子和原子.pptx”课件，选择“文件”选项卡中的“打印”选项，进入打印界面，如图 8-19 所示。

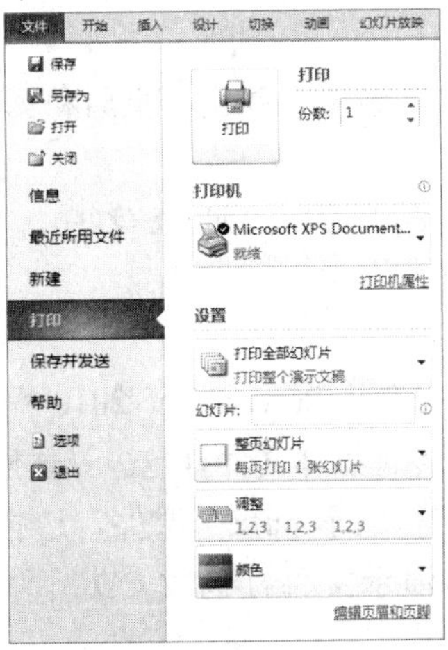

图 8-19　打印界面

3）在“份数”文本框中设置打印的份数。

4）单击“打印全部幻灯片”下拉按钮，在弹出的下拉列表中选择要打印的幻灯片范围，如图 8-20 所示，这里选择“打印全部幻灯片”选项。

5）单击“整页幻灯片”下拉按钮，弹出如图 8-21 所示的下拉列表，可以设置每页纸上打印的幻灯片内容。

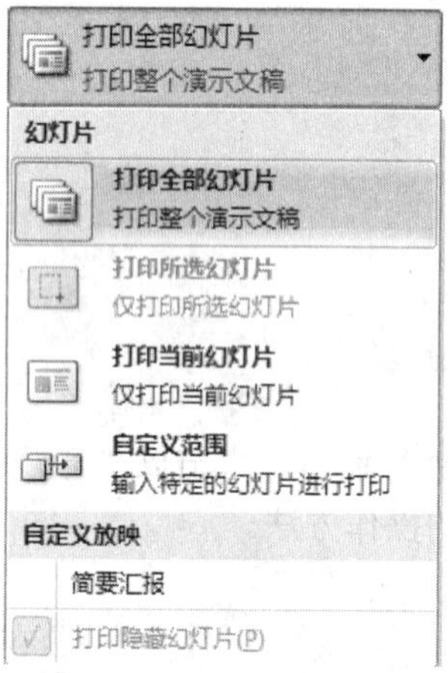

图 8-20 设置打印范围

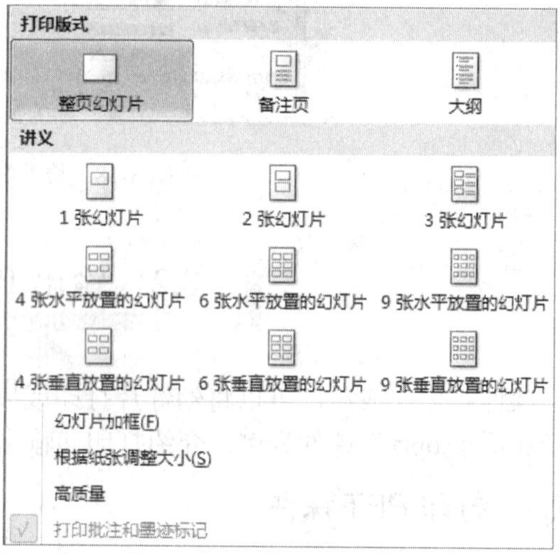

图 8-21 设置打印版式

① 打印版式：设置打印“整页幻灯片”、“备注页”或“大纲”。

② 讲义：设置在一页打印纸上打印多少张幻灯片及幻灯片的方向。

③ 幻灯片加框：为每张幻灯片加边框，最好选中此项，这样可以更好地区分每张幻灯片。

6）单击“编辑页眉和页脚”链接，弹出“页眉和页脚”对话框，设置打印纸上页眉和页脚的效果。

7）设置完成后，单击“打印”按钮，即开始打印。

8.2.2 打包 PPT 课件

为了防止其他计算机中没有安装 PowerPoint 2010 程序而使课件不能正常播放，可以将 PPT 课件及课件中使用的各种媒体文件打包。具体操作如下。

1）打开“微观世界-分子和原子.pptx”课件，选择“文件”选项卡中的“保存并发送”选项，然后单击“将演示文稿打包成 CD”|“打包成 CD”按钮，如图 8-22 所示。

图 8-22　打包课件操作

2）弹出“打包成 CD”对话框，在“将 CD 命名为”文本框中输入打包课件的名称；“要复制的文件”列表框中列出要打包的演示文稿名，默认为当前演示文稿打包，如图 8-23 所示。如果要打包多个演示文稿，可以单击“添加”按钮，弹出“添加文件”对话框，在其中选择要打包的演示文稿，如图 8-24 所示，单击“添加”按钮，完成操作。

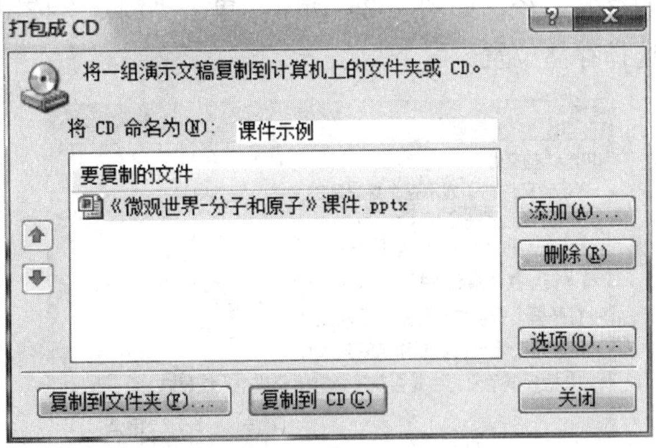

图 8-23　“打包成 CD”对话框

图 8-24 "添加文件"对话框

3）单击"打包成 CD"对话框中的"选项"按钮，弹出"选项"对话框。在"包含这些文件"选项组中选择是否要打包"链接的文件"及"嵌入的 TrueType 字体"，在"增强安全性和隐私保护"选项组中选择打开及修改演示文稿时是否需要用密码，如图 8-25 所示。设置完成后单击"确定"按钮。

4）单击"打包成 CD"对话框中的"复制到文件夹"按钮，弹出"复制到文件夹"对话框。在"文件夹名称"文本框中设置打包后文件所在文件夹的名称，在"位置"文本框中设置文件夹的存储路径，如图 8-26 所示。单击"浏览"按钮，可在弹出的"选择位置"对话框中选择存储位置。

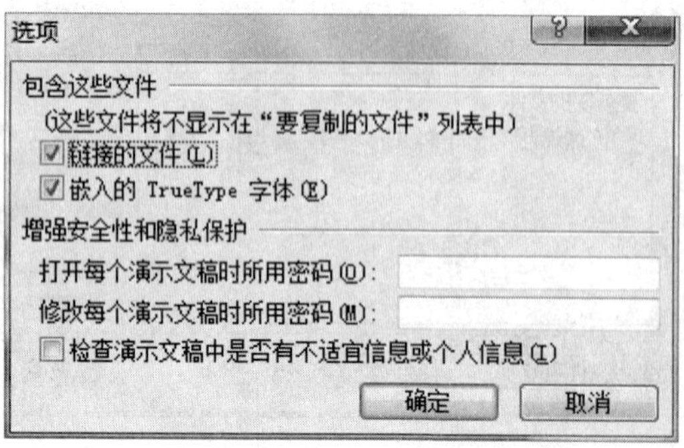

图 8-25 "选项"对话框

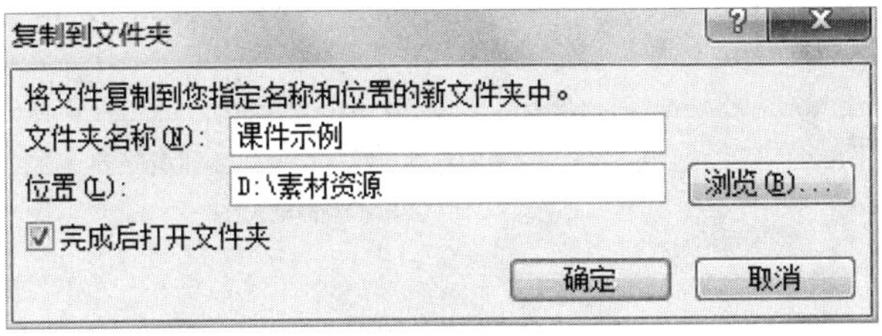

图 8-26　“复制到文件夹”对话框

5）设置完成后，单击“确定”按钮，弹出如图 8-27 所示的信息提示对话框，询问是否要打包链接文件，单击“是”按钮，弹出“正在将文件复制到文件夹”对话框，如图 8-28 所示，等待一段时间，完成打包。

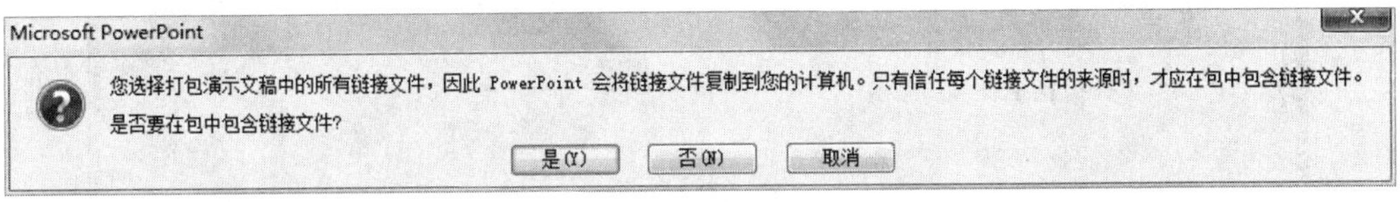

图 8-27　是否打包链接文件

图 8-28　“正在将文件复制到文件夹”对话框

6）打包完成后，可到设置好的存储路径中查看打包的课件。

8.2.3　将 PPT 课件输出为其他格式文件

将 PPT 课件输出为其他格式文件，可以方便地在其他设备上使用 PowerPoint 以外的应用程序来查看课件内容，从而大大增加了课件的使用范围。本节介绍将 PPT 课件输出为其他格式文件的操作方法。

1. 将 PPT 课件输出为 PDF 文件

打开“微观世界-分子和原子.pptx”课件，单击“文件”选项卡中的“保存并发送”|“创建 PDF/XPS 文档”|“创建 PDF/XPS”按钮，弹出“发布为 PDF 或 XPS”对话框，如图 8-29 所示。选择输出的存储路径，单击“选项”按钮，可在弹出的“选项”对话框中设置输出范围及发布选项。

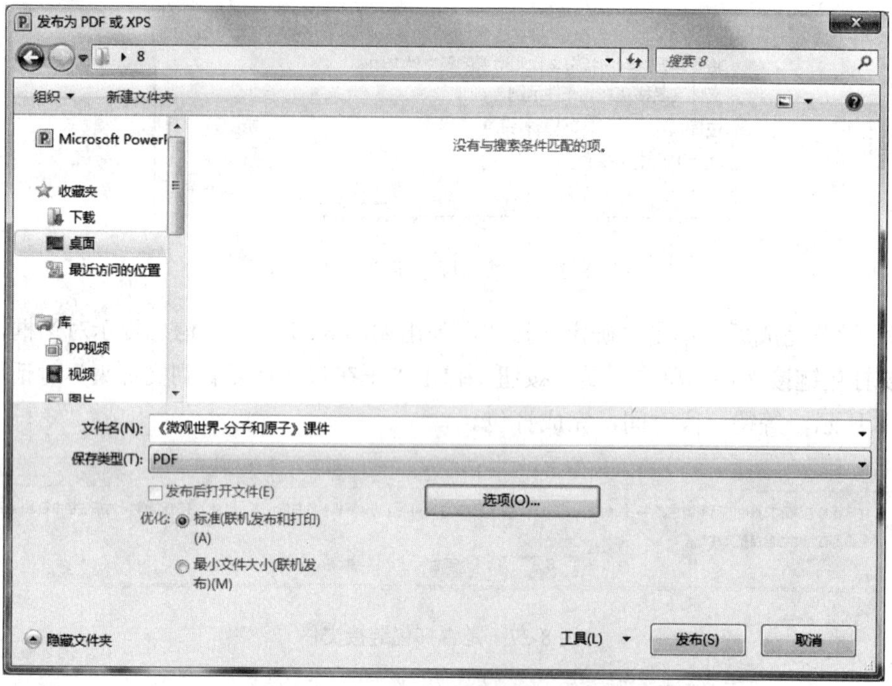

图 8-29 “发布为 PDF 或 XPS”对话框

设置完成后，单击“发布”按钮，弹出“正在发布”信息提示框，等待一段时间，课件即被转换为 PDF 格式文件。

2. 将 PPT 课件输出为视频文件

打开“微观世界-分子和原子.pptx”课件，单击“文件”选项卡中的“保存并发送”|“创建视频”|“创建视频”按钮，弹出“另存为”对话框，如图 8-30 所示。设置存储路径及文件名称，单击“保存”按钮，等待一段时间，即可将 PPT 课件转换成 WMV 格式的视频文件。

3. 将 PPT 课件输出为图片格式

打开“微观世界-分子和原子.pptx”课件，选择“文件”选项卡中的“保存并发送”|“更改文件类型”|“JPEG 文件交换格式”选项，然后单击“另存为”按钮，弹出“另存为”对话框，设置存储路径及文件名称，单击“保存”按钮，弹出如图 8-31 所示的信息提示对话框，询问是将所有幻灯片还是当前幻灯片输出为图片格式，单击“每张幻灯片”按钮，即可将课件中的所有幻灯片转换成 JPEG 格式的图片。

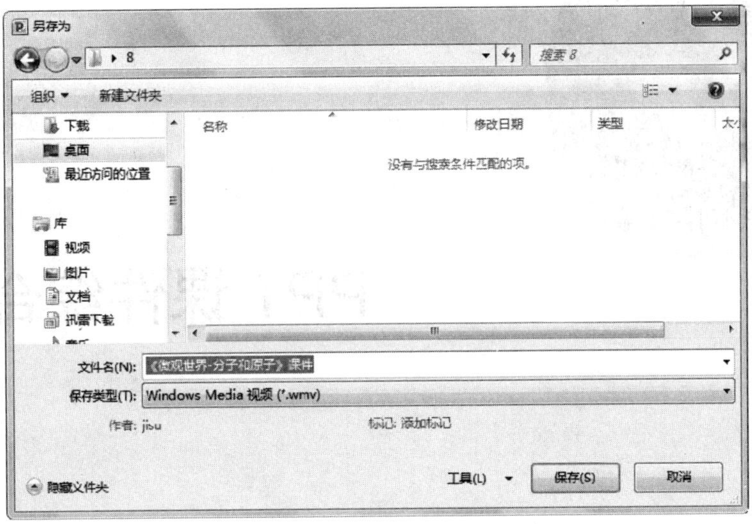

图 8-30　“另存为”对话框

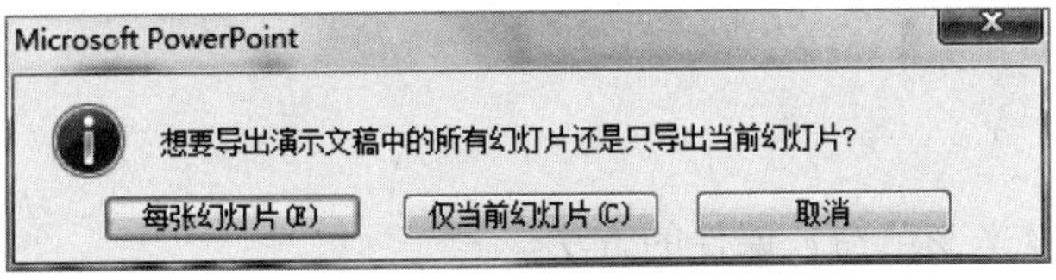

图 8-31　信息提示对话框

本 章 小 结

本章主要介绍了在 PowerPoint 2010 中放映、输出 PPT 课件及将 PPT 课件转换为其他格式文件的方法。通过本章的学习，学生应掌握以下内容。

1）幻灯片从头开始放映、从当前幻灯片放映的方法。

2）自定义幻灯片放映的方法。

3）排练计时的使用方法。

4）幻灯片打印属性的设置方法。

5）为了防止其他计算机中没有安装 PowerPoint 2010 程序而使课件不能正常播放，可以将 PPT 课件及课件中所涉及的各种媒体文件进行打包，学生应掌握打包的具体方法。

6）将 PPT 课件输出为 PDF、图片、视频等格式的文件，可以方便地在其他设备上使用 PowerPoint 以外的应用程序查看课件内容，大大增加了课件的使用范围，学生应掌握具体的操作方法。

第9章

PPT 课件综合制作

学习目标

1）掌握制作《辛亥革命》课件的方法。

2）掌握制作《一元一次方程式与方程组》课件的方法。

9.1　制作《辛亥革命》课件

课件封面如图 9-1 所示。

图 9-1　课件封面

9.1.1　制作 PPT 封面页和设置内容母版

1）打开 PowerPoint 2010，新建一个空白演示文档，单击“设计”选项卡“主题”选项组中的“字体”下拉按钮，在弹出的下拉列表中选择“新建主题字体”选项，在弹出的“新建主题字体”对话框中根据需要设计所用的字体，如图 9-2 所示，设置完成后，单击“保存”按钮即可。

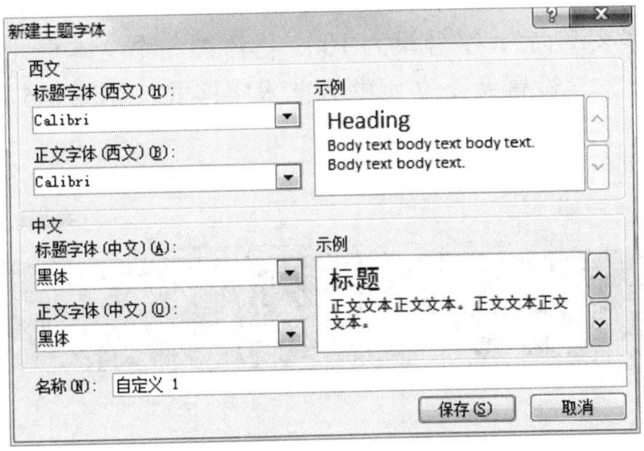

图 9-2　“新建主题字体”对话框

2）单击“设计”选项卡“页面设置”选项组中的“页面设置”按钮，弹出“页面设置”对话框，为了适应显示器屏幕的需要，通常将尺寸设置为33.86厘米×19.05厘米，如图9-3所示。设置完成后单击“确定”按钮即可。

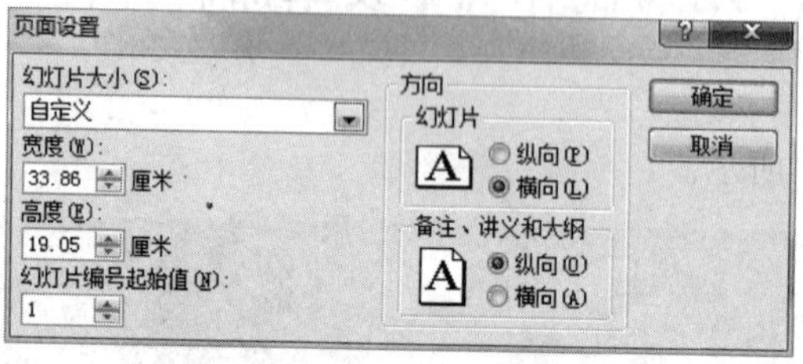

图9-3　“页面设置”对话框

3）选择“开始”选项卡“绘图”选项组中的“矩形”选项，在课件的第1页中绘制3个矩形，将上下两个细长矩形的填充色设为渐变，设置3个矩形无边框，如图9-4所示。

图9-4　创建矩形

4）输入标题“辛亥革命”，字号设为100。再添加一个文本框，输入文字“第五课”，并调整其位置为右上方。设置两个文本框为艺术字格式，如图9-5所示。

图9-5　设置封面文字

5）在中间大矩形上右击，在弹出的快捷菜单中选择“设置图片格式”选项，在弹出的“设置图片格式”对话框中，设置“填充”为图片文件，插入底图，如图 9-6 所示。单击“图片工具-格式”选项卡“调整”选项组中的“颜色”下拉按钮，在弹出的下拉列表中进行重新着色设置，改进原内容的显示效果。

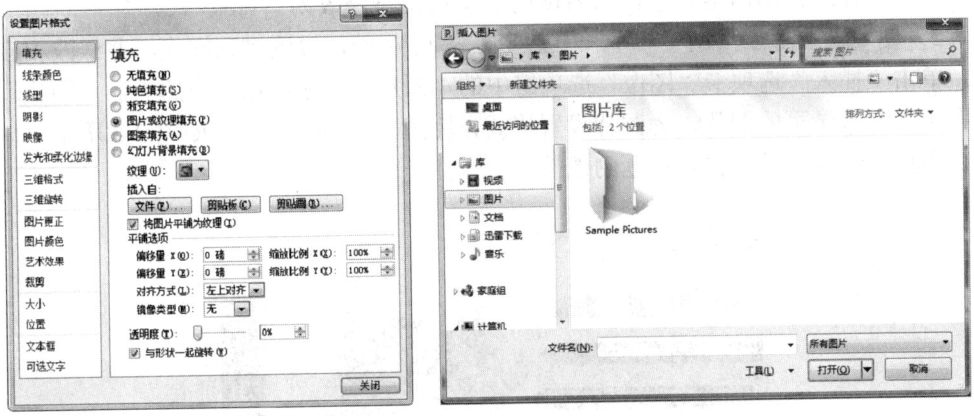

图 9-6　插入封面图片

6）单击“视图”选项卡“母版视图”选项组中的“幻灯片母版”按钮，进入母版编辑状态。选中左侧窗格中的第 2 张幻灯片，将其原有内容都删除，重命名为“内容幻灯片”，新建两个矩形，调整较大矩形的样式，并添加线条和其他形状装饰图形，选择“开始”选项卡“段落”选项组“对齐文本”下拉列表中的“顶部对齐”选项来对齐多个图形。单击“幻灯片母版”选项卡“母版版式”选项组中的“插入占位符”下拉按钮，在弹出的下拉列表中选择“文字（竖排）”选项，并设置文字颜色及字体。单击“绘图工具-格式”选项卡“插入形状”选项组中的“编辑形状”下拉按钮，在弹出的下拉列表中将样式改为“上下卷轴形”，在顶部横线上方输入课程文字，设置艺术字格式，设置结束后关闭母版视图，效果如图 9-7 所示。

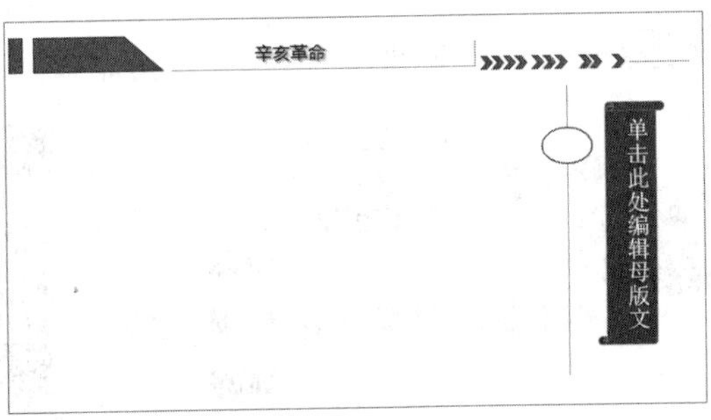

图 9-7　设置内容母版

9.1.2 制作 PPT 课件内容页

1）在“幻灯片”窗格封面幻灯片下方单击，然后单击“开始”选项卡“幻灯片”选项组中的“新建幻灯片”下拉按钮，在弹出的下拉列表中选择刚刚新建的“内容幻灯片”选项，在新建的内容页中，将右侧的文字占位符修改为“目录”。

2）使用五边形工具创建一个长五边形，复制 4 份，设置排列样式，并修改相应文字。单击“插入”选项卡“图像”选项组中的“图片”按钮，在弹出的“插入图片”对话框中插入目录页的图片，为图片设置格式，完成目录页的设置，如图 9-8 所示。待后面内容页全完成后再设置各标题的链接。

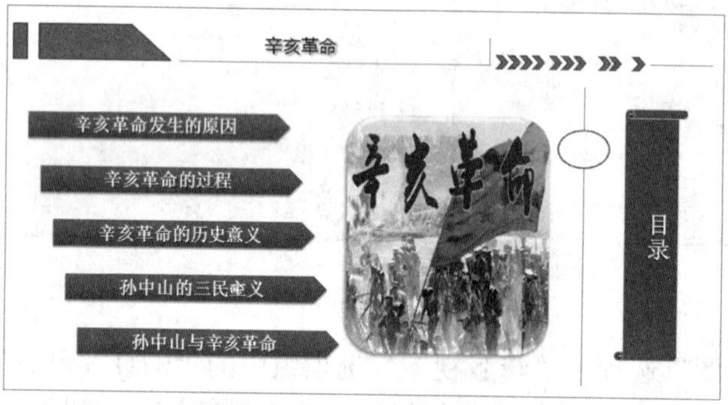

图 9-8　设置目录页

3）在“幻灯片”窗格第 2 张幻灯片下方单击，然后单击“开始”选项卡“幻灯片”选项组中的“新建幻灯片”下拉按钮，在弹出的下拉列表中选择刚刚新建的“内容幻灯片”选项，新建第 3 张幻灯片（在以后的叙述中不再赘述，直接称为新建“内容幻灯片”）。插入辛亥革命图片，选择“开始”选项卡“绘图”选项组中的“虚尾箭头”选项，绘制一个虚尾箭头并复制一个，修改文字为“历史背景”和“前期准备”，添加大括号及其他内容，如图 9-9 所示。

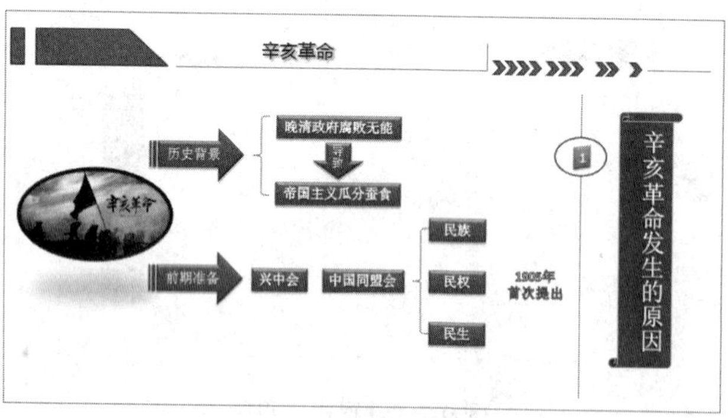

图 9-9　第 3 张幻灯片

4）新建“内容幻灯片”，单击“插入”选项卡“媒体”选项组中的“视频”下拉按钮，在弹出的下拉列表中选择“文件中的视频”选项，在弹出的“插入视频文件”对话框中插入“辛亥革命.mp4”视频文件。选中插入的视频，调整视频在页面中的大小。选中视频，在“视频工具-播放”选项卡“视频选项”选项组中，将开始方式设置为“单击时”，选中“全屏播放”复选框，如图 9-10 所示。其他页面的设置可根据自己的需要进行设计制作。

5）返回课件封面，单击“插入”选项卡“媒体”选项组中的“音频”下拉按钮，在弹出的下拉列表中选择“文件中的音频”选项，在弹出的“插入音频”对话框中插入“枪炮声.mp3”音频文件。选中声音后，在“音频工具-播放”选项卡“音频选项”选项组中，设置开始方式为“自动”，选中“放映时隐藏”复选框，如图 9-11 所示。

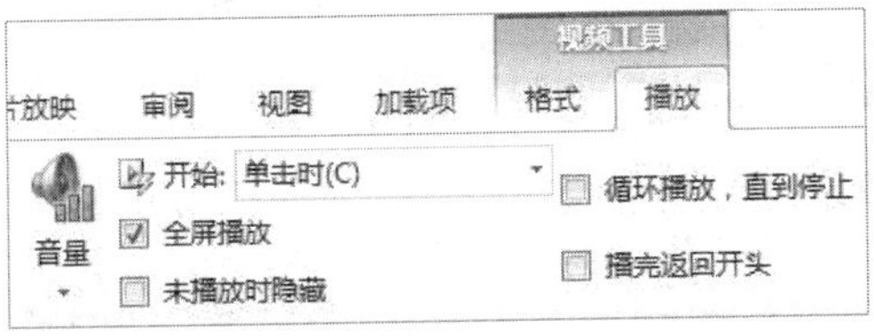

图 9-10　设置视频播放参数

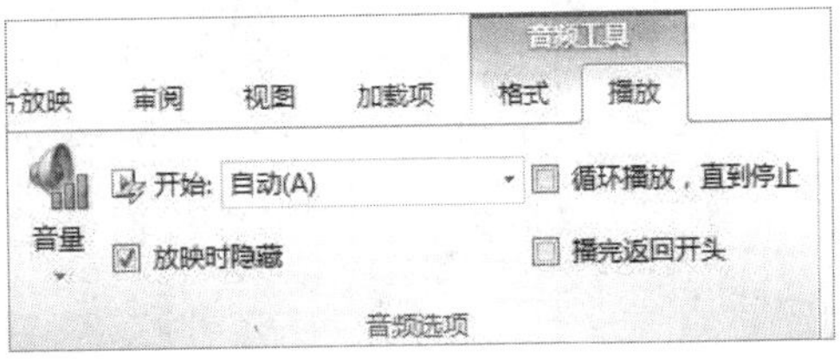

图 9-11　设置音频播放参数

9.1.3　添加动画和交互效果

1）单击“动画”选项卡“动画”选项组中的“动画窗格”按钮，弹出“动画窗格”，先设置播放顺序，声音最先自动播放，然后主标题进入，随后副标题进入，最后课程进入，将声音播放放在最上部，选中中间大的矩形，添加“淡入”进入动画，设置开始方式为“从上一项开始”；上方装饰线设置为从左进入，开始方式为“上一项之后开始”；下边装饰线设置为从右进入，开始方式为“从上一项开始”。为主标题添加“淡入”进入效果，开始方式为“上一项之后开始”；为副标题添加“淡入”进入效果，开始方式为“上一项之后开始”；为课程添加“跳入”进入效果，开始方式为“上一项之后开始”，完成封面元素的动画设置。这里没有为底图添加动画效果，所以底图一开始就会出现在屏幕上。动画设计中，最重要的就是顺序，设置完成后，可以单击“动画窗格”上部的“播放”按钮预览动画播放效果，如果顺序有误，可以直接在“动画窗格”中修改动画的顺序。

2）设置完所有幻灯片后，进入目录页，在目录的五边形上右击，在弹出的快捷菜单中选择“超链接”选项，弹出“插入超链接”对话框，在左侧列表框中选择“本文档中的位置”选项，如图 9-12 所示，然后将链接指定到相应的页面即可。至此课件制作完成。

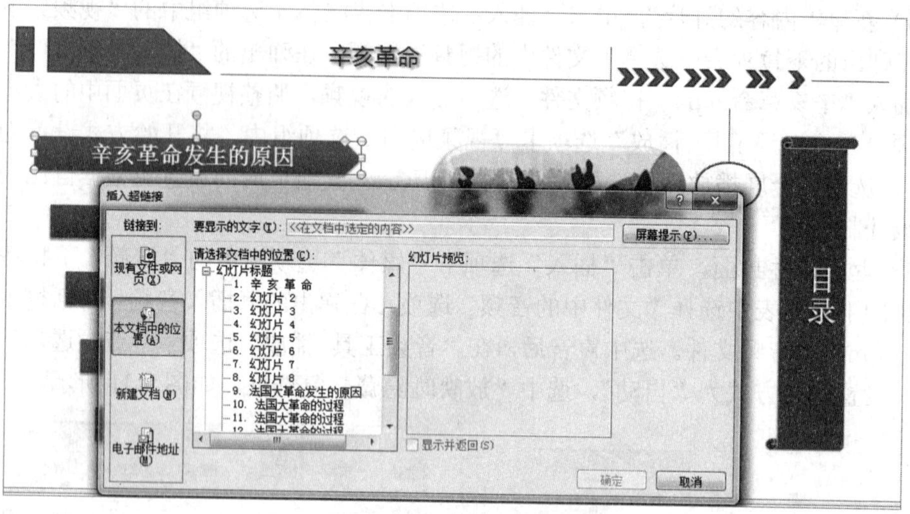

图 9-12　设置超链接

9.2　制作《一元一次方程式与方程组》课件

9.2.1　制作 PPT 封面和设置内容母版

1）打开 PowerPoint 2010，新建一个空白演示文稿，同 9.1 节一样，设计好所用的字体和幻灯片页面的大小。单击“插入”选项卡“图像”选项组中的“图片”按钮，在弹出的“插入图片”对话框中选择背景底图并插入。添加一个与页面等宽的矩形和一条与页面等宽的直线，设置格式，并将线宽设为 6 磅。添加主标题和课程文本，设置文字样式，如图 9-13 所示。这里设置了背景底图的单色效果，以降低其对主标题的影响。

图 9-13　封面设置

2）单击“视图”选项卡“母版视图”选项组中的“幻灯片母版”按钮，选择“幻灯片”窗格中的第 2 张幻灯片，将原来内容全都删除，将其重命名为“目录”。在上方用直线形状绘制一条与幻灯片等宽的横线，设置样式，线宽 3 磅即可。上面留装饰图形和文字位置，插入 3 个矩形，设置相同样式、不同大小放在左上角进行装饰。单击“幻灯片母版”选项卡“母版版式”选项组中的“插入占位符”下拉按钮，在弹出的下拉列表中选择“文本”选项，将占位符放在横线上方。在底部添加两个矩形分别用于显示课程名称和作为装饰，如图 9-14 所示。

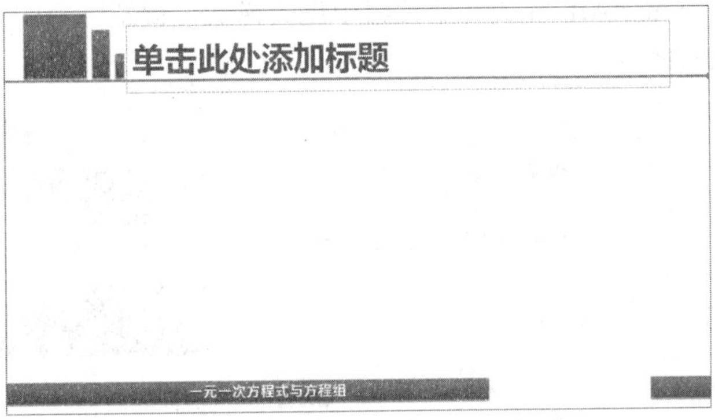

图 9-14　设置目录母版

3）在“目录”母板上右击，在弹出的快捷菜单中选择“复制”选项，在下面灰色缝隙处右击，在弹出的快捷菜单中选择“粘贴”选项，将新复制的母板重命名为“内容”。在左侧 1/6 处添加一条向下的带箭头虚线，在其右侧绘制一个矩形，设置无轮廓。在该矩形上右击，在弹出的快捷菜单中选择“设置形状格式”选项，在弹出的“设置形状格式”对话框中设置较浅的前景色，背景色不变，用横线填充该矩形，效果如图 9-15 所示。完成后，退出母版编辑。

图 9-15　设置内容母版

9.2.2 制作 PPT 课件内容页

1）单击“开始”选项卡“幻灯片”选项组中的“新建幻灯片”下拉按钮，在弹出的下拉列表中选择刚创建的“目录”母版，将文字占位符修改为“目录页”。单击“插入”选项卡“插图”选项组中的“SmartArt”按钮，在弹出的“选择 SmartArt 图形”对话框中插入“列表”类型中的“垂直图片列表”图形，如图 9-16 所示，单击“确定”按钮。这时幻灯片上出现默认的图形样式，将最下面的矩形删除，然后在“SmartArt 工具-设计”选项卡“SmartArt 样式”选项组中更改样式，调整图形的大小和位置，并留出右侧装饰图片的位置。

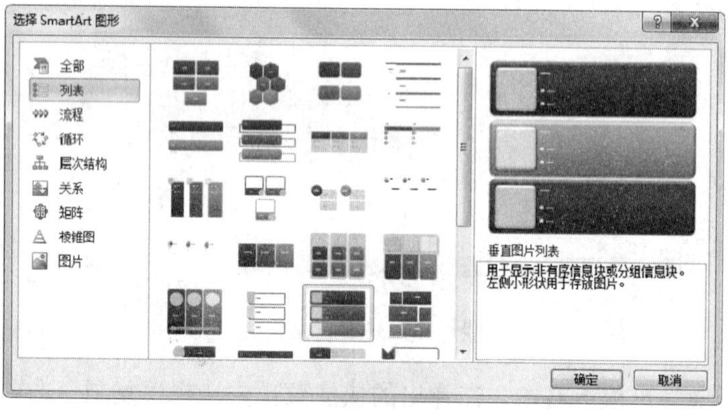

图 9-16　插入 SmartArt 图形

2）单击 SmartArt 图形中的图像图标，在弹出的“插入图片”对话框中添加相应的图像到 SmartArt 图形上。右击图形形状，在弹出的快捷菜单中选择“编辑文字”选项，在上下两个图形中分别输入文字“知识要求”和“试卷详解”，在右侧插入装饰图片，并设置样式，如图 9-17 所示。

图 9-17　设置目录页

3）使用“内容”母版创建第 3 张幻灯片，更改标题文字为“知识要点”，输入副标题文本“方程概念”，在左侧插入装饰图像，并设置样式。在右侧的纹理区插入文本框，并输入题干。注意所有题干可以是一个文本框，但答案必须单独创建文本框，将答案设置成绿色，放置在题干的横线上，在题干尾部创建圆角矩形，编辑文字为“答案”，作为显示答案的触发器，根据题目数量复制矩形，调整好位置，如图 9-18 所示。其他知识要点页参看本张幻灯片的方法制作。

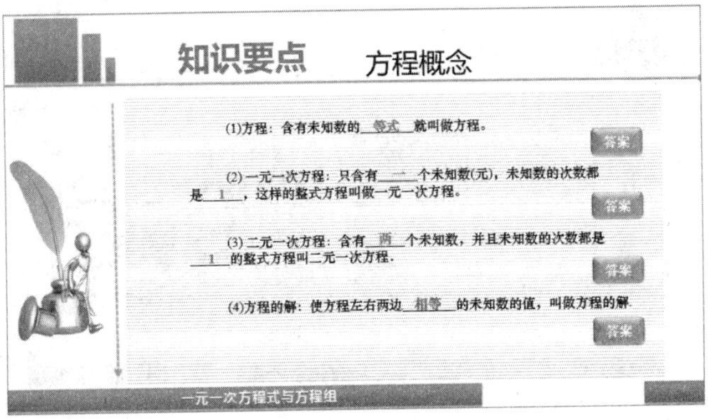

图 9-18　设置知识要点内容页

4）使用“内容”母版创建新幻灯片，更改标题文字为“试卷详解”，输入副标题文本“选择第 8 题、第 9 题”，在左侧插入装饰图像，并设置样式。输入题干文本，单击“插入”选项卡“文本”选项组中的“对象”按钮，弹出“插入对象”对话框，在“对象类型”列表框中选择“MathType 6.0 Equation”选项，单击“确定”按钮，在打开的公式编辑器中输入备选的 4 个答案，将正确答案放在题干的括号内，颜色设置为绿色。绘制矩形图形，图形上编辑文字为“答案”，作为显示答案的触发器，如图 9-19 所示。其他页面参看此幻灯片的内容设置。

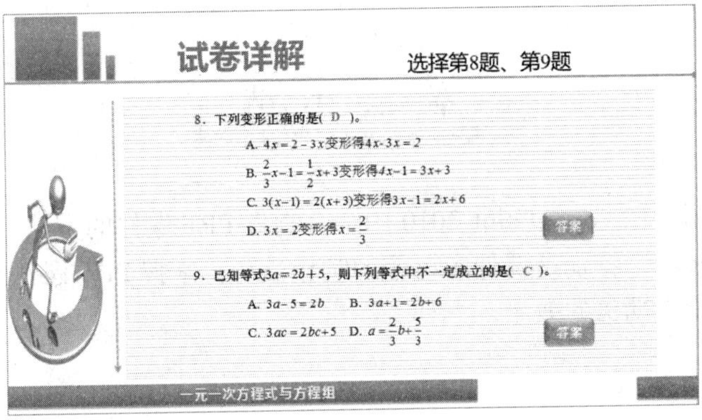

图 9-19　设置试卷详解内容页

9.2.3 添加动画和交互效果

1）添加动画效果的方法不再赘述。在目录页中对 SmartArt 图形中的两个矩形分别设置超链接，使其链接到本课件内相应的页面中。单击“插入”选项卡“插图”选项组中的“形状”下拉按钮，在弹出的下拉列表中选择最下方的动作按钮，为课件添加上一页、下一页、返回 3 个动作按钮，并将返回动作按钮链接到目录页，如图 9-20 所示。

图 9-20 添加并设置动作按钮

2）在目录页中，将上一页、下一页、返回 3 个动作按钮全选中后进行复制，按【Ctrl+V】组合键粘贴到其他内容页，即可将按钮和链接一同复制到其他页面上，不用再一一设置。

3）在图 9-18 所示的页面中，选择第 1 题的答案“等式”，为其添加一种进入效果，调出“动画窗格”，在“等式”进入动画下拉列表中选择“计时”选项，在弹出的相应效果对话框中单击“触发器”按钮，在“触发器”选项组中选择“圆角矩形 6”选项（注意不同的动画元素，序号可能不一样），单击“确定”按钮即可。这样就完成了单击答案图像时，题干出现答案的设置，其他几题和图 9-19 中显示答案的设置与本页的设置相同。至此，完成本课件的制作。

本 章 小 结

本章主要介绍了在 PowerPoint 2010 中综合制作 PPT 课件的方法，不同类型的课件有着不同的制作技巧，特别是课件中习题的制作技巧。掌握 PPT 课件的各种制作技巧，在制作中能起到事半功倍的效果。

第 10 章

利用 Camtasia Studio 制作微课

学习目标

1）了解微课的定义、特点及分类。

2）掌握用 Camtasia Studio 软件制作微课的方法。

10.1 微　课

1. 微课的定义

微课是指按照新课程标准及教学实践要求，以视频为主要载体，记录教师在课堂内外教育教学过程中围绕某个知识点或教学环节而开展的精彩教与学活动的全过程。

微课是为使学生自主学习获得最佳效果，经过精心的信息化教学设计，以流媒体形式展示的围绕某个知识点或教学环节开展的简短、完整的教学活动。它的形式是自主学习，目的是获得最佳效果，设计是精心的信息化教学设计，形式是流媒体，内容是某个知识点或教学环节，时间是简短的，本质是完整的教学活动。因此，对于教师而言，最关键的是要从学生的角度去制作微课，而不是以教师的角度去制作，要体现以学生为本的教学思想。

2. 微课的主要特点

1）教学时间较短：教学视频是微课的核心内容。

2）教学内容较少：问题聚集，主题突出，更适合教师的需要。

3）资源容量较小：总容量小，支持网络在线播放。

4）资源组成情景化：具有视频教学案例的特征。

5）主题突出，内容具体：一个课程就一个主题。

6）草根研究，趣味创作：人人都可以成为课程的研发者。

7）成果简化，多样传播。

8）反馈及时，针对性强。

3. 微课的分类

1）按照课堂教学方法来分类，一节微课作品一般只对应于某一种微课类型。

2）按照课堂教学主要环节（进程）来分类，微课可分为课前复习类、新课导入类、知识理解类、练习巩固类、小结拓展类。其他与教育教学相关的微课类型有说课类、班会课类、实践课类、活动类等。

4. 微课的开发

1）内容规划。

2）平台建设。微课平台是微课建设、管理、应用和研究的“一站式”服务环境。

3）微课内容开发。微课内容开发是一个较为复杂的系统工程。其建设模式一般有"征集评审式"（面向教师个人）和"项目开发式"（面向学校和机构）。区域性微课资源建设一般要经过宣传发动、技术培训、选题设计、课例拍摄、后期加工、在线报送、审核发布、评价反馈等环节，才能确保其质量。

4）交流应用。

10.2　Camtasia Studio 软件简单使用

Camtasia Studio（以下简称 CS）是 TechSmith 旗下的一款专门录制屏幕动作的工具，它能在任何颜色模式下轻松地记录屏幕动作，包括影像、音效、鼠标指针移动轨迹、解说声音等。另外，它还具有即时播放和编辑压缩的功能，可对视频片段进行剪接、添加转场效果。

它支持输出文件格式有很多，包括 MP4、AVI、WMV、M4V、CAMV、MOV、RM、GIF 动画等多种常见格式，是制作视频演示的绝佳工具。

安装好 CS 软件之后，即可运行该软件。本章以 9.0.3 版本为例，版本不同，其界面功能存在差异，请以实际使用的软件为主。初次运行该软件后，屏幕上会弹出如图 10-1 所示的对话框。下面以制作一个讲述 PPT 课件的微课为例来介绍 CS 的使用。

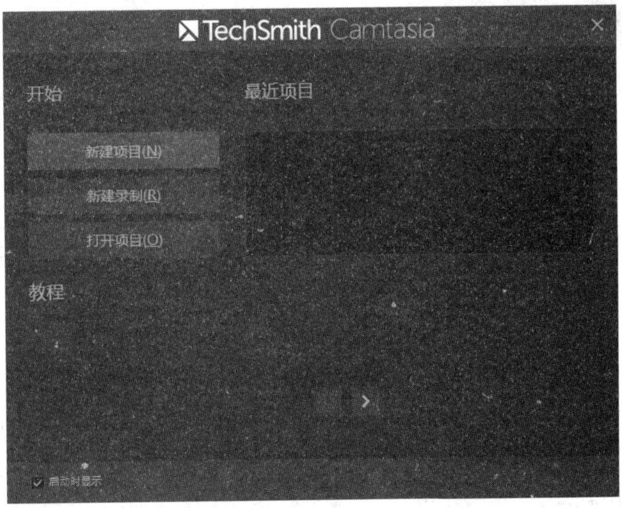

图 10-1　CS 起始页对话框

1）选择"新建录制"选项，屏幕四周会出现绿色的虚线框，屏幕的左下角会弹出录制设置对话框，如图 10-2 所示。这里需要注意的是，需要先把麦克风插在计算机声卡的插口中。在“选择区域”选项组中选择“全屏”选项。如果计算机带有摄像头，可以将主讲教师的头像同步录制到微课中。

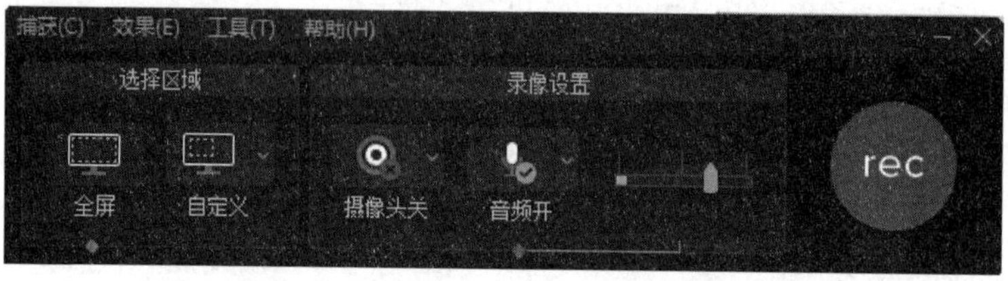

图 10-2 录制设置对话框

2）在“录像设置”选项组中的“音频开”下拉列表中，选择录制用的麦克风，如图 10-3 所示。选择相应的选项后，右侧的录制音量就可以调节了，用讲课的正常音量测试录制的音量，在不出现红色峰值的情况下，尽量将声音调大一些。如果 PPT 课件中有展示声音的内容，必须将“录制系统音频”选项选中，否则可以不选。

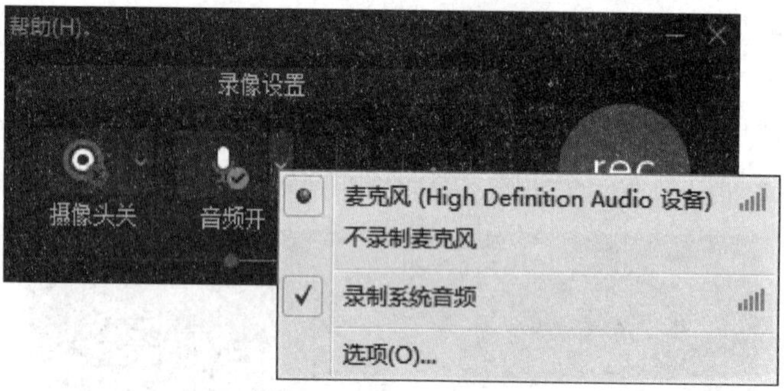

图 10-3 设置录制麦克风

3）打开要制作微课的 PPT 课件，戴好耳机，放映 PPT 课件，在 PPT 课件全屏后，单击右下角的红色“rec”按钮或按【F9】键，如图 10-4 所示。

4）单击“rec”按钮后，会提示讲课人在倒计时 3 秒后开始录制，录制开始后讲课人就可以操作 PPT 课件开始讲课了，讲课结束后，按【F10】键停止录制，CS 软件会自动进入主界面，如图 10-5 所示，刚刚录制的讲课音频已经放置在音频轨道上了，这时先不做任何编辑，直接选择“分享”|“本地文件”选项，在弹出的“Production Wizard”对话框中选择“MP4 only（up to 480p）”选项，如图 10-6 所示。单击“下一步”按钮，在弹出的对话框中设置文件名和存储位置，再单击“下一步”按钮，弹出的对话框中出现渲染进度条，渲染结束后，弹出如图 10-7 所示的“Production Results”对话框，单击“完成”按钮，并播放生成的视频文件。至此，最简单的微课制作结束。

图 10-4　准备录制

图 10-5　录制结束

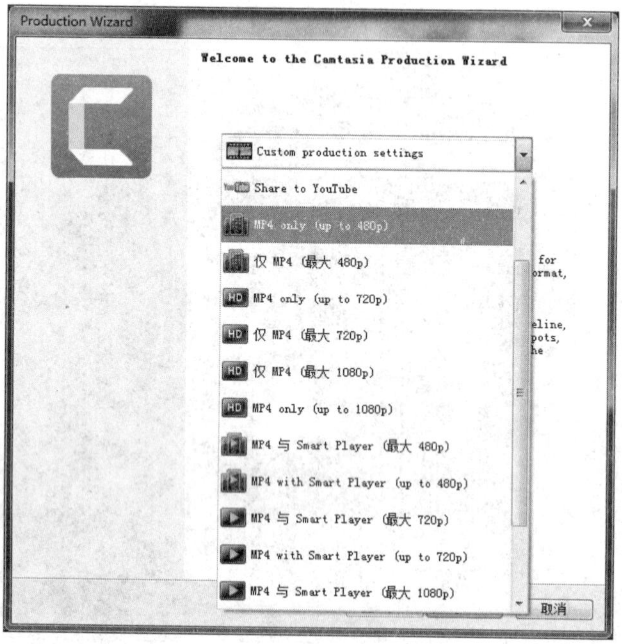

图 10-6　输出设置

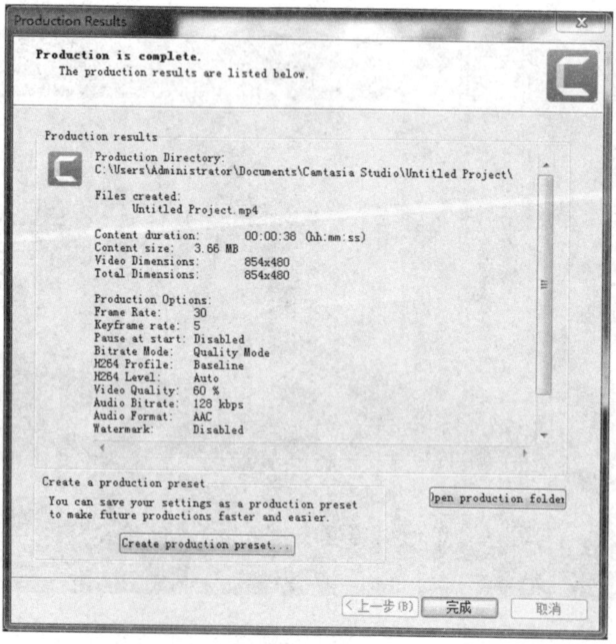

图 10-7　“Production Results”对话框

10.3　Camtasia Studio 软件详解

1. 工程文件

10.2 节制作的微课非常简单，CS 软件的强大功能完全可以制作更为精美的微课，下面来进一步学习 CS 软件。打开 CS 软件之后，新建一个工程项目，CS 的工程项目文件扩展名是.tscproj，在工程文件中可以存储已经调用的素材链接、工程包、轨道数量、素材在轨道上的位置和对素材所做的各种应用（字幕、标注）等。工程项目文件对于微课制作来说非常重要，在制作微课时，要养成保存工程项目文件的良好习惯。

2. 软件界面

CS 软件比专业的非线性编辑软件要简单得多，适合普通教师学习使用。CS 的界面如图 10-8 所示，顶部是菜单栏，左侧是工具箱，包含媒体、注释、转场、行为、动画、指针效果、语音旁白、音频效果、视觉效果、交互、CC 字幕等工具；中上部是监视器窗口，用来预览时间线当前时间点的内容；右上部是属性窗口；下方是时间线窗口。

图 10-8　CS 的界面

3. 导入媒体素材

在工具箱中选择“媒体”选项卡可以看到“项目库”和 CS 自带的公共库两个窗口，在“项目库”中的灰色区域右击，在弹出的快捷菜单中选择“导入媒体”选项或单击下

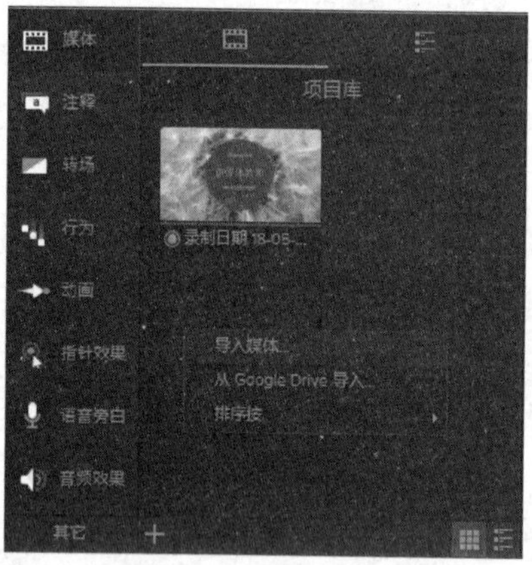

图 10-9 导入媒体素材

面的“+”号导入媒体，如图 10-9 所示。CS 支持 4 类文件，一是自身录制的文件（*.camrec、*.trec），二是常用的视频格式（*.avi、*.mp4、*.mpg、*.mpeg、*.mts、*.m2ts、*.wmv、*.mov、*.swf），三是图像文件（*.bmp、*.gif、*.jpg、*.jpeg、*.png），四是声音文件（*.wav、*.mp3、*.wma、*.m4a）。

4. 基本剪辑功能

CS 提供了非常简捷高效的剪辑处理功能，如图 10-10 所示，一区中的按钮分别是撤销、恢复、剪切、复制、粘贴、分割、查看所有媒体、放大缩小状态条、轨道高度调整、增加轨道、时间线标尺、播放头（绿色为选区入点，红色为选区出点）。二区中的按钮分别是上一帧、下一帧、播放、上一媒体、下一媒体。三区中的按钮分别是编辑、平移、裁剪。在轨道头的名称上右击，在弹出的快捷菜单中可以对轨道进行相应的操作。

图 10-10 认识基本工具按钮

1）将录制微课中的口误内容删除。将播放头移动到删除开始的位置，并移动播放头上红色的标尺到删除结束的位置（双击播放头，绿色和红色标尺再次重合），这时在轨道上形成了一个浅蓝色的选区，如图 10-11 所示。如果用“剪切”按钮，后面的视音频内容会自动向前靠拢；若按【Delete】键，会将选区部分删除，中间剩下黑色区域，可重新录制改正后的内容。

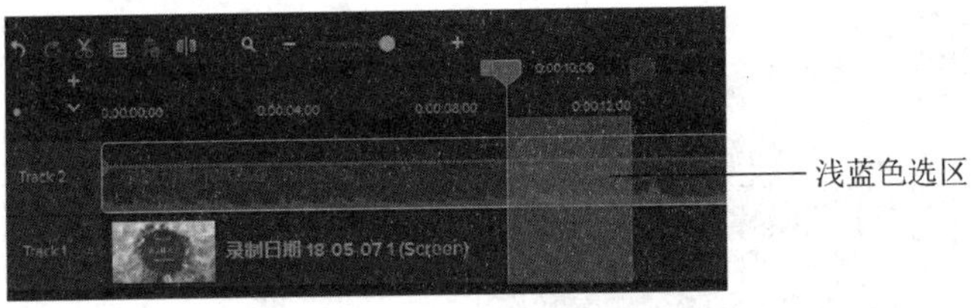

图 10-11　设置删除区域

2）在媒体库中导入一个声音文件，为 10.2 节录制的视频配乐，将声音文件拖到讲课音频的轨道上方，这时发现配乐文件比录制的微课时间长，将播放头移动到讲课结束的末尾，如图 10-12 所示。单击“分割”按钮切开配音的声音文件，选中配乐后面的一段，按【Delete】键将其删除。试听一下音乐的大小，不要影响到讲课的声音，单击前半段的配乐素材，发现素材中间有一条绿色的横线，用鼠标对其进行上下调节，即可调节音量的大小，如图 10-13 所示。

图 10-12　分割媒体文件

图 10-13　调整音量大小

5. 添加注释

在工具箱中选择“注释”选项卡，会显示 6 个样式栏，分别是“注释”“箭头直线”“形状”“模糊高亮”“草图运动”“击键注释”。各样式栏下面有各种应用图标，将注释用鼠标拖动到右侧的监视器窗口中，或拖动到下面的轨道上，即可添加相应的注释效果，如图 10-14 所示。在轨道上调整注释的长短和位置，即可改变该注释的时长和出现位置。

注意：在属性窗口中可以改变字体、颜色、阴影等外观。

图 10-14　添加注释

6. 添加字幕

在工具箱中选择“字幕”选项卡，单击下面的“添加字幕”按钮，这时会在时间线上播放头的位置添加一个紫色的4秒时长的字幕素材，同时监视器窗口中出现输入窗口，如图 10-15 所示。在输入窗口的左下部按【A】键，可以调整字体颜色及背景属性。在时间线轨道上可以调整字幕出现的位置，也可以调整字幕的时长。

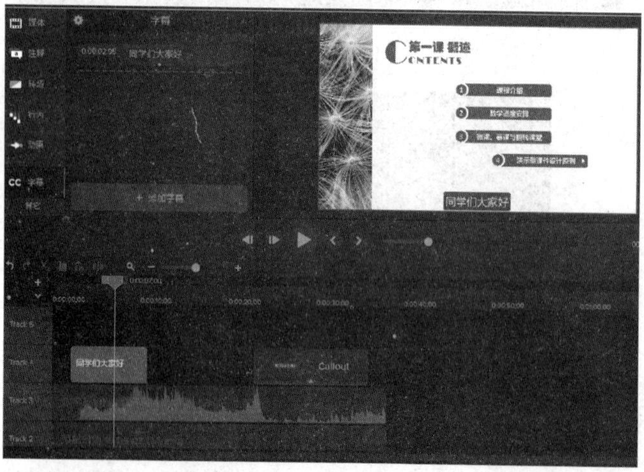

图 10-15　添加字幕

7. 添加转场

转场是可视性素材出现或两段素材转换之间的过渡。选择工具箱的“转场”选项卡，会出现转场样式，CS 共提供了 5 类共 30 种转场方式。转场可以用鼠标直接拖动到相应的素材上，可放置在单个素材的头部或尾部，也可以添加在两段素材的中间。在媒体库中添加一幅图像，将图像拖动到轨道 1 素材的后面，在转场中选择“棋盘格”选项并将其拖动到两个素材中间，如图 10-16 所示。如果要删除转场效果，选中转场后按【Delete】键即可。

图 10-16 添加转场

8. 添加行为效果

行为效果可以增加动感、强调素材的显示，从而有效地吸引观看者的注意力。选择工具箱的“行为”选项卡，会出现 9 种默认的行为效果。选中“滑动”效果，按住鼠标左键并将其拖动到轨道 4 上的注释上，即可将“滑动”效果加在注释上，注释素材的中间会出现一个小三角形，单击可展开效果列表选中“滑动”效果，在属性窗口中可对其进行修改，如图 10-17 所示。同一素材可以添加多个行为效果。选中某一行为效果，按【Delete】键可将其删除。

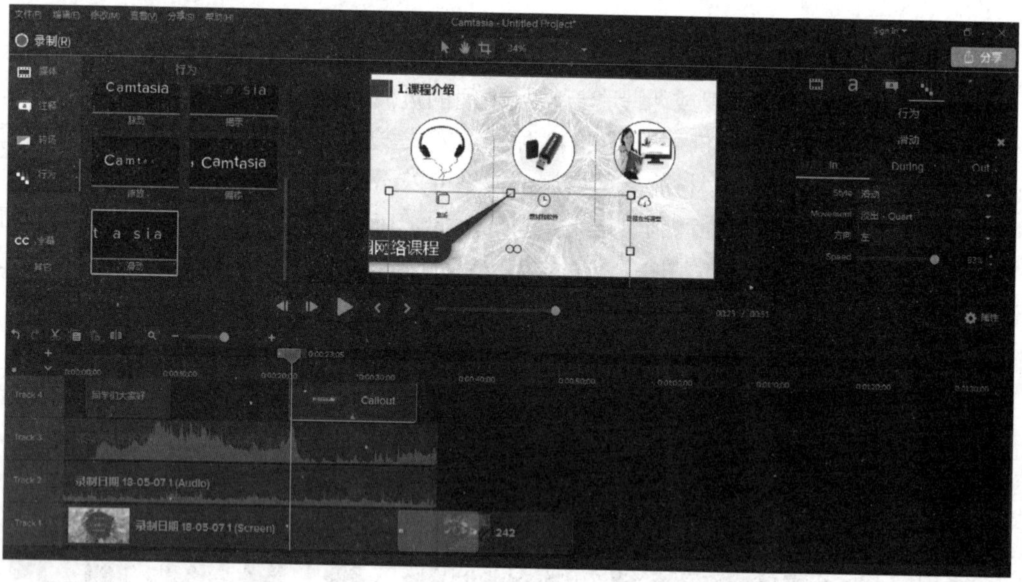

图 10-17 添加行为效果

9. 添加动画效果

动画效果中比较常用的是放大和缩小功能，其能够改变屏幕上信息显示的范围。在工具箱中选择“动画”选项卡，出现“缩放和平移”及“动画”两个选项卡，CS 可以实现画面在 10%～200%范围内的缩放。将播放头定位到需要放大的地方，选中轨道上需要添加缩放的素材，然后调整缩放和平移的 8 个控制点位置，素材上出现一个宽箭头，即可实现放大的效果，这时后面所有的素材都会被放大。将播放头定位在需要恢复原来大小的位置，单击“缩放到适合”按钮，素材即恢复到原来大小，如图 10-18 所示。选中素材上的宽箭头，按【Delete】键即可将动画效果删除。在“动画”选项卡中，CS 系统预设了 10 种动画效果。

10. 添加指针效果

指针效果可以清楚地显示鼠标指针的轨迹或动作，对一些计算机操作类的课程特别适用。选择工具箱中的“指针效果”选项卡，会出现“指针效果”“左键效果”“右键效果”3 个选项卡，“指针效果”选项卡中有 3 种方式，“左键效果”选项卡和“右键效果”选项卡中均有 6 种方式。这种效果只适合用在由 CS 录制的视频上，将“指针效果”中的“指针高亮”“指针放大”拖动到轨道 1 的素材上，单击素材中间的小三角，出现如图 10-19 所示的效果。选中素材上的指针效果，按【Delete】键即可将效果删除。

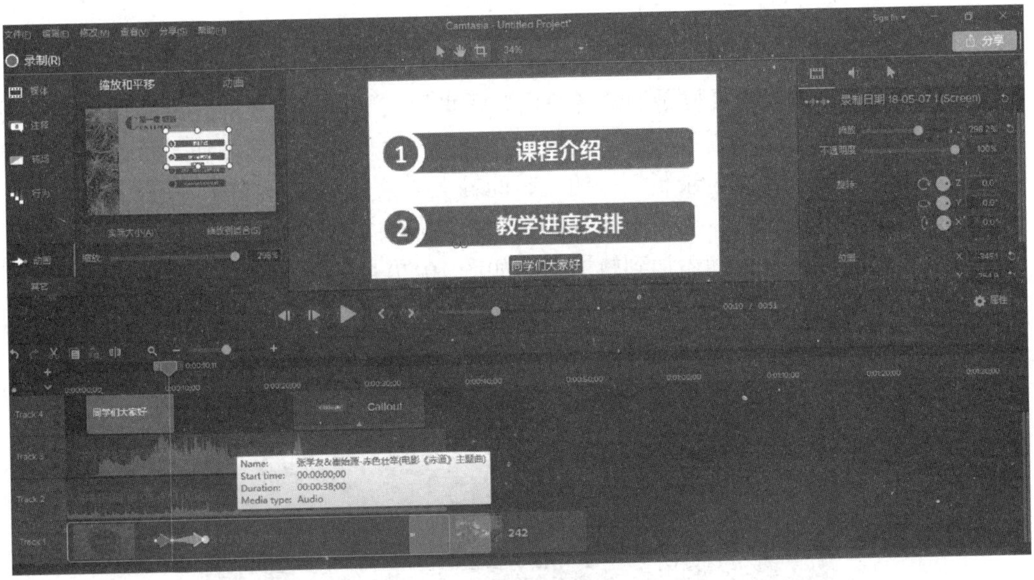

图 10-18　添加动画效果

图 10-19　添加指针效果

11. 添加语音旁白

在可以 CS 中对某一素材添加语音旁白，还可以在录制过程中静音时间轴，并输入讲稿。选择工具箱中的“语音旁白”选项卡，会出现“麦克风”选项和音量调节，设置好后，单击“开始从麦克风录制”按钮，时间轴上的播放头开始播放，同时开始录音。录音结束后单击停止按钮，会弹出保存声音文件的窗口，CS 默认的旁白格式是*.m4a，保存后刚录制的声音会自动添加到轨道上，如图 10-20 所示。如果没有录制好，可以不保存声音，而是重新录制。

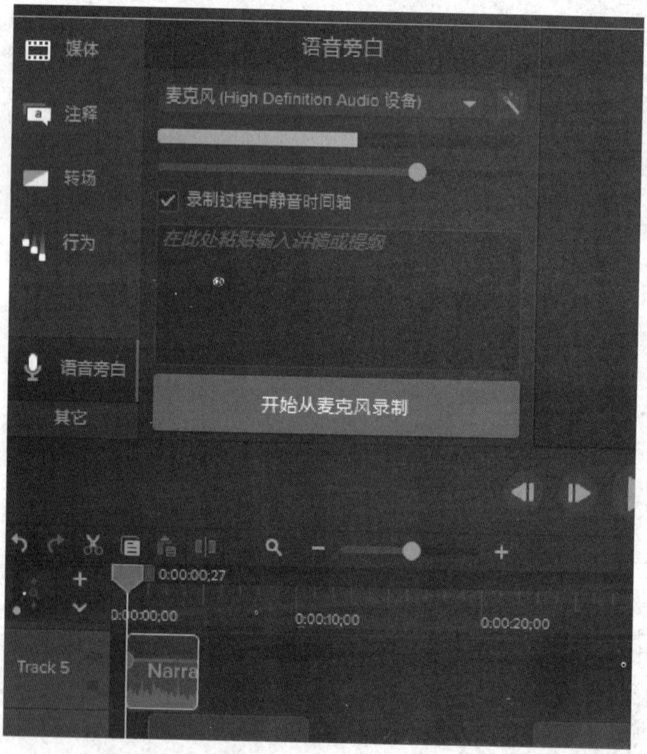

图 10-20 录制语音旁白

12. 添加声音效果

在 CS 中可以对声音进行简单的处理。选择工具箱中的“音频效果”选项卡，会出现默认的 5 种效果，其中“降噪”可以有效降低麦克风录制时的杂音。选择“降噪”选项，将其拖动到轨道 2 上，单击中间的小三角，如图 10-21 所示。选中素材上的“降噪”并按【Delete】键，即可将该效果删除。

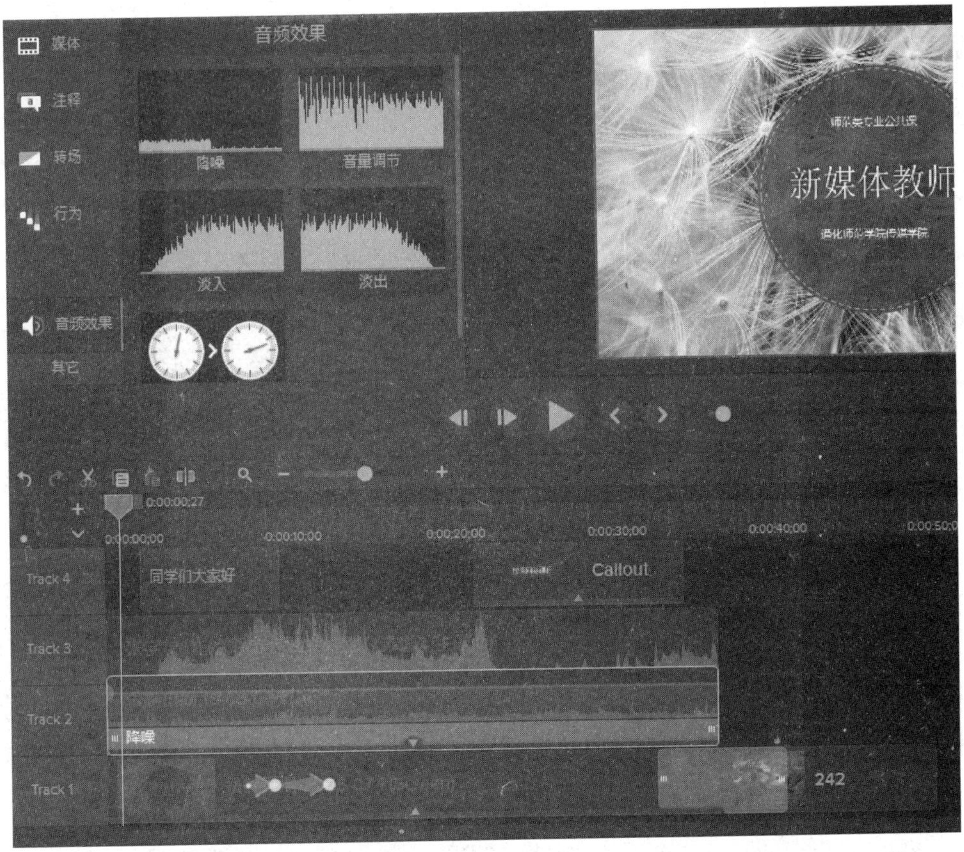

图 10-21　添加音频效果

13. 添加视觉效果

CS 提供的视觉效果可以实现抠像、阴影、变速等特殊效果。在工具箱中选择“视觉效果”选项卡，会出现 7 种默认的特效，将需要的特效直接拖动到素材上即可添加效果，如图 10-22 所示。选中素材上的“着色”并按【Delete】键，即可将该效果删除。

14. 添加交互问题

CS 支持在播放视频的同时，提出让观看者解答的问题，并根据答案进行下一步操作。在工具箱中选择“交互”选项卡，出现两种添加方式，一种是“添加测验到时间轴”，其不会因为素材的移动而移动；另一种是“添加测验到所选媒体”，其会随着媒体的移动而移动。将播放头放置在需要添加测验的位置，单击“添加测验到时间轴”按钮，这时时间轴上出现一个测验的标志，在属性窗口可以设置题干和答案，如图 10-23 所示。选中测验标志按【Delete】键，即可将该测验删除。

图 10-22　添加视觉效果

图 10-23　添加交互测验

本 章 小 结

本章主要介绍了微课的定义、特点、分类及制作流程，微课的制作并不复杂，难的是有一个统筹的规划和一步一步推进实施的信心。本章重点介绍了 Camtasia Studio 软件的使用，就目前来说 Camtasia Studio 软件是最适合普通用户使用的制作微课的软件，利用此软件能较容易地对各种元素进行综合处理，制作出美观的演示视频。

参 考 文 献

何克抗，林君芬，张文兰，2018．教学系统设计[M]．2 版．北京：高等教育出版社．

秋叶，卓奕刘俊，2014．说服力让你的 PPT 会说话[M]．北京：人民邮电出版社．

杨继萍，彭涛，2013．PowerPoint 2010 实战技巧精粹[M]．北京：清华大学出版社．

余婕，李秀霞，2013．PowerPoint 2010 幻灯片制作高手速成[M]．北京：电子工业出版社．

智云科技，2016．PPT 设计与制作[M]．2 版．北京：清华大学出版社．

周文君，张玲，张晓彬，2015．PowerPoint 2010 多媒体课件制作案例教程[M]．上海：上海交通大学出版社．